TIERethik
9. Jahrgang 2017/2
Heft 15

TIERethik

Zeitschrift zur Mensch-Tier-Beziehung

TIERethik 9. Jahrgang (2017/2) Heft 15, vormals ALTEXethik

TIERethik ist das deutschsprachige Supplement von ALTEX, einem Journal für neue Wege in den biomedizinischen Wissenschaften.

Ziele und Absichten von ALTEX und TIERethik

ALTEX, herausgegeben vom Schweizer Verein ALTEX Edition, ist das offizielle Journal von CAAT (Center for Alternatives to Animal Testing an der Johns Hopkins University Baltimore), EUSAAT (Europäische Gesellschaft für Alternativen zu Tierversuchen) und t4 (transatlantic think tank for toxicology, Baltimore, Utrecht, Konstanz), dem CAAT-EU und den Doerenkamp-Zbinden Stiftungslehrstühlen. ALTEX veröffentlicht Übersichtsartikel und Originalarbeiten, wissenschaftliche Kurzmitteilungen sowie Nachrichten und Kommentare, Tagungsberichte, Buchrezensionen und Diskussionsbeiträge auf dem Gebiet der Erforschung und Entwicklung von Alternativmethoden zu Tierversuchen im Sinne der 3R: replace = ersetzen, reduce = vermindern und refine = vermindern der Belastung von Tierversuchen. Als Tierversuche werden dabei alle Maßnahmen an Tieren zu Versuchs- und Ausbildungszwecken und zur Gewinnung von Stoffen und Vermehrung von Mikroorganismen, Zellen und Parasiten gewertet, die mit Schmerzen, Leiden, Ängsten oder Schäden für die Tiere verbunden sein können.

TIERethik versteht sich als Forum für die geisteswissenschaftliche Diskussion über den Umgang mit Tieren, insbesondere mit solchen, die zu Versuchszwecken verwendet werden. Ethische Fragestellungen aus allen geisteswissenschaftlichen Disziplinen, die sich kritisch mit dem Mensch-Tier-Verhältnis beschäftigen, sollen dabei Berücksichtigung finden. Ziel von TIERethik ist es, das in weiten Teilen durch Funktionalisierung von Tieren geprägte gesellschaftliche Verhalten kritisch zu beleuchten. Ein zentrales Anliegen von TIERethik ist es, aktuelle Fragen im Bereich der Tierethik zu diskutieren, aber auch die Veränderungen im gesellschaftlichen Bewusstsein, wie sie sich etwa in Tierschutzgesetzen widerspiegeln, zu dokumentieren.

TIERethik hat darüber hinaus die Ergebnisse biomedizinischer Forschung im Blick, die nach politisch praktischen Konsequenzen drängen. Als wissenschaftliches Magazin will TIERethik einen Beitrag dazu leisten, die tierethische Diskussion empirisch zu fundieren und die ethischen Dimensionen der biomedizinischen Forschung stärker ins Bewusstsein zu heben. Die in TIERethik publizierten Artikel geben die Meinungen der Autorinnen und Autoren wieder und decken sich nicht in jedem Fall mit der Meinung von Redaktion, Beirat und Herausgeber.

© 2017 der vorliegenden Ausgabe: ALTEX Edition | www.altex.ch | Satz und Umschlag: Petra Mayr | Druck und Bindung: epubli ein Service der neopubli GmbH, Berlin
ISSN 1869-4950

INHALTSVERZEICHNIS

TIERethik
9. Jahrgang 2017/2
Heft 15, S. 3–4

EDITORIAL

TIERethik
9. Jahrgang 2017/2
Heft 15, S. 5–6

Liebe Leserin, lieber Leser,

wie wir mit Tieren umgehen sollen, ist an sich schon eine Diskussion mit vielen Facetten, wie Sie ja in jeder Ausgabe von TIERethik sehen können. Das Thema Tierrechte gehört aber in diesem Bereich mit zu den Themen, die besonders umstritten sind. Das mag daran liegen, dass Rechte lange nur für Menschen reserviert waren. Darüber hinaus stellt sich die Frage, ob alle Tiere die gleichen Rechte erhalten sollen. Sind wild lebende Tiere mit jenen, die wir als sogenannte Nutztiere halten, oder mit jenen, mit denen wir als sogenannte Haustiere zusammenleben, gleich zu behandeln?

Bei der Frage nach Tierrechten orientieren sich Tierethikerinnen und Tierethiker häufig an der Rechtsgrundlage von Menschen. Dort wird unterschieden zwischen moralisch Handelnden (*moral agents*) und moralisch Empfangenden (*moral patients*). Während alle erwachsenen gesunden Menschen als moralisch Handelnde zu betrachten sind, können Säuglinge, Schwerstbehinderte oder geistig erkrankte Menschen keine moralischen Pflichten übernehmen. Dennoch werden ihnen die grundlegenden Menschenrechte nicht abgesprochen. Eine solche Unterscheidung ist aus Sicht vieler Vertreterinnen und Vertreter von Tierrechten auch im Hinblick auf Tiere sinnvoll.

In seinem Beitrag *Tierrechte und die menschliche Entnutzung der Fauna* plädiert Bernhard H. F. Taureck für das Ende eines anthropozentrisch ausgerichteten Humanismus und damit für eine Welt, in der alle Tiere von menschlichem Nutzen verschont bleiben. Der Gleichheitsbegriff von Peter Singer ist die Grundlage des Beitrags von Helmut F. Kaplan mit dem Titel *Was sind Tierrechte? Zur notwendigen Weiterentwicklung des Tierrechtsbegriffs.* Hierbei geht es im Wesentlichen darum, dass Tiere ein Recht auf Berücksichtigung ihrer Interessen haben, das menschlichen Interessen vergleichbar ist.

Andreas Rüttimann, Vanessa Gerritsen und Charlotte Blattner beleuchten in ihrem Beitrag *Zulässigkeit von Beschränkungen des Handels mit tierquälerisch hergestellten Pelzprodukten* die rechtliche Situation der Einfuhr von Pelzprodukten. Hintergrund des Beitrags ist die Tatsache, dass der Import von Pelzwaren trotz der 2013 in Kraft getretenen Pelzdeklarationsverordnung stark zugenommen hat.

In ihrem Beitrag *Tier und Religion(en). Theologische Tierethik im Kontext* beschäftigt sich Eva Julia Wannenmacher mit der Frage der Tierethik innerhalb der Religion. Sie geht der spannenden Frage nach, was eine theologische Ethik in einer säkularen Welt überhaupt leisten kann.

Ihre

Petra Mayr

GASTEDITORIAL

TIERethik
9. Jahrgang 2017/2
Heft 15, S. 7–14

Davina Bruhn

Tierschutz und Tierrechte

Tierschutz und Tierrechte werden in der öffentlichen Debatte oft als dichotom gegenübergestellt. Dabei ist es eine durchaus berechtigte Frage, inwieweit der juristische Tierschutz nicht heute schon bestimmte Tierrechte bzw. mit ihnen einhergehende Forderungen berücksichtigen könnte, für die in der philosophischen Ethik auf unterschiedliche Weise argumentiert wird (s. z.B. Cochrane 2012; DeGrazia 2011; Garner 2016; Grimm & Wild 2016; Kriegel 2013; Ladwig 2017; Schmitz 2015).

Auf den ersten Blick liegt eine Antwort auf diese Frage auf der Hand: Nicht-menschlichen Tieren (im Folgenden kurz: Tieren) werden im deutschen Recht formaljuristisch keine personenbezogenen Eigenrechte gewährt, wie dies bei Menschen der Fall ist (von Münch/Kunig, GG-Kommentar, 2012, Art. 20a GG, Rn. 33). Solche Grundrechte sind von Verfassungen gewährleistete fundamentale Rechte Privater gegenüber dem Staat und haben ihren Ursprung in der Idee allgemeiner, dem Menschen als solchem zugestandener Rechte (Stucki 2015, 335; siehe dazu auch von Münch/Kunig, GG-Kommentar, 2012, Vorb Art. 1–19, Rn. 2).

Grundrechte für Menschen zeigen aber auch, dass Recht und Ethik keine getrennten Sphären sind, denn das Grundgesetz ist als ethisches Recht zu verstehen, dem das „Prinzip Person" zugrunde liegt (Graf 2017, 64; von Münch/Kunig, GG-Kommentar, 2012, Vorb Art. 1–19, Rn. 27). Eine zentrale ethische Rechtsnorm ist Art. 1

Abs. 1 GG: Die Würde des Menschen ist unantastbar (Graf 2017, 64). Aus diesem Grundrecht ergibt sich eine anthropozentrische Ausrichtung des Grundgesetzes, die nur dann in Frage gestellt würde, wenn dem Tier der Status eines eigenen rechtlichen und moralischen Subjekts zugesprochen würde (Pröbstl 2017, 18; Augsberg 2016, 360).

Vor diesem Hintergrund soll der Frage nachgegangen werden, inwieweit das geltende Tierschutzrecht nicht zumindest das Potenzial aufweist, Tieren das zu gewähren, was mit der Forderung nach Tierrechten einhergeht: etwa einen umfassenden Schutz des Wohlergehens, die Anerkennung eines Eigenwerts der Tiere oder eine hinreichende Berücksichtigung tierlicher Interessen bei vorzunehmenden Abwägungen. Mit anderen Worten: Kann das geltende Tierschutzrecht Tieren einen Schutz gewähren, der in seiner praktischen Qualität bzw. Wirkweise dem Schutzniveau verfassungsrechtlich verankerter subjektiver Rechte nahekommt? Um diese Frage zu beantworten, muss man das geltende Tierschutzrecht in der Theorie, aber vor allem seine Umsetzung in der Praxis untersuchen.

1. Derzeitige Rechtslage

Die Rolle der Tiere in der deutschen Verfassung wurde nach langer Debatte über eine Konstitutionalisierung des Tierschutzes mit Einführung des Staatsziels Tierschutz 2002 neu definiert (von Münch/Kunig, GG-Kommentar, 2012, Art. 20a GG, Rn. 2). Art. 20a GG stellt ein Bekenntnis dar, Tiere als ethisch nicht indifferente „Mitgeschöpfe" anzuerkennen (Graf 2017, 157). Obgleich von einer anthropozentrischen Ausrichtung des Grundgesetzes ausgegangen werden kann, hat Art. 20a GG einen pathozentrischen Charakter (von Münch/Kunig, GG-Kommentar, 2012, Vorb Art. 1–19, Rn. 33).

Den Tieren wurde ein ethischer Wert im Rechtssystem eingeräumt. Art. 20a GG spricht Tieren aufgrund ihrer subjektiven Qualität als ethische Wesen eine gewisse „personale" Qualität zu und macht sie damit zu einem Teil der ethischen Rechtsgemeinschaft. Diese herausgehobene Stellung der Tiere dürfte auf Impulse des „Prinzips Person" zurückzuführen sein (Graf 2017, 65). Schließlich hätte man es bei dem Staatsziel Umweltschutz belassen können, welches den Schutz der Tiere – wenn auch in einem anthropozentrischen

Verständnis – durchaus beinhalten könnte. Aus der sodann erfolgten Ergänzung „und die Tiere" lässt sich demnach folgern, dass hiermit ein über den bisherigen Tierschutz hinausgehender, weitreichenderer Tierschutz beabsichtigt war.

Bei der Staatszielbestimmung handelt es sich nicht um einen unverbindlichen Programmsatz, sondern eine objektive Norm mit konkreten Rechtswirkungen. Wesentlicher Inhalt des Staatsziels ist unter anderem die Achtungspflicht, ausweislich der amtlichen Begründung die Verpflichtung, Tiere in ihrer Mitgeschöpflichkeit zu achten (von Münch/Kunig, GG-Kommentar, 2012, Art. 20a GG, Rn. 34). Aus dem Schutz des Tieres um seiner selbst willen (ethischer Tierschutz) lässt sich ferner der Integritätsgrundsatz ableiten. Danach sind Tiere grundsätzlich so zu behandeln, dass ihnen keine Leiden, Schäden oder Schmerzen zugefügt werden (Caspar/Schröter 2003, 39). Die Interessen der Tiere dürfen nicht willkürlich und allein wirtschaftlichen Interessen unterworfen werden (ebd., 41), sodass die mit der Implementierung des Staatsziels Tierschutz intendierten Normenkollisionen mit anderen Grundrechten eine Abwägung ethischer Güter notwendig machen und nicht grundsätzlich von einer Höherrangigkeit menschlicher Interessen gegenüber dem Tierschutz ausgegangen werden kann.

Es obliegt dem Staat, die verfassungsrechtliche Wertentscheidung für einen individuellen Tierschutz zu achten. Vollziehende Gewalt und Rechtsprechung haben den Tierschutzauftrag im Rahmen der Auslegung der Gesetze, namentlich bei der Interpretation unbestimmter Rechtsbegriffe, zu berücksichtigen und die Integrität von Tieren gegenüber den anthropozentrischen Interessen der Tiernutzung zu optimieren (von Münch/Kunig, GG-Kommentar, 2012, Art. 20a GG, Rn. 43).

Mit Art. 20a GG hat der Verfassungsgeber somit dem Tierschutzgesetz eine verfassungsrechtliche Grundlage gegeben. Bereits die Gesetzgebungsmaterialien zum Tierschutzgesetz aus dem Jahr 1972 nehmen ausdrücklich – wie kaum ein anderes Gesetz in Deutschland – auf die Ethik Bezug. Vom „ethisch begründeten Tierschutz" und dem „Schutz des Tieres um seiner selbst willen" ist die Rede (vgl. Maisack 2006, 407ff.). Das ermöglicht es, ethische Begründungen aus der Philosophie zur Auslegung unbestimmter Rechtsbegriffe anzuführen.

2. Rechtspraxis

Bei einer Auslegung der unbestimmten Rechtsbegriffe, etwa dem „vernünftigen Grund", im Lichte des Art. 20a GG sowie dem starken Bezug des Gesetzes zur Tierschutzethik könnte demnach ein hohes Schutzniveau für Tiere gewährt werden.

Gleichzeitig ist die Kritik nicht von der Hand zu weisen, wonach eben jene unbestimmten Rechtsbegriffe, die für ein hohes Schutzniveau sorgen könnten, ein „Einfallstor" darstellen, um den Tierschutz zu einer Agrarinteressenpolitik zu machen (Ladwig 2017; von Gall 2016). Der „vernünftige Grund" birgt die Gefahr, als „auszufüllendes elastisches Ventil" missbraucht zu werden, indem nahezu jeder Grund, ein Tier zu töten, als vernünftig deklariert werden kann (Ort 2010, 854).

Die Praxis bestätigt diese Kritik eindrücklich. Hier ist man weit davon entfernt, dem ethischen Anspruch gerecht zu werden, welcher dem geltenden Tierschutzrecht zugrunde liegt.

Ein Beispiel ist die Regelung der agrarischen Tierhaltung. Das Landwirtschaftsministerium etwa ermächtigt, die Haltung einzelner Tierarten durch Verordnung zu regeln, wobei die Grundsatznorm des Tierschutzgesetzes, § 2 TierSchG, nur konkretisiert, d.h., zu Ende gedacht werden soll. Das vom Gesetzgeber angestrebte Schutzniveau darf nicht unterlaufen werden. Jedes Tier soll hiernach seiner Art und seinen Bedürfnissen entsprechend angemessen ernährt, gepflegt und verhaltensgerecht untergebracht werden.

Grundsätzlich ist der Verordnungsgeber als Adressat der Staatszielbestimmung an die Wertentscheidung des Verfassungsgebers zum Tierschutz gebunden. Eine entsprechende Verordnung müsste außerdem an neueste wissenschaftliche Erkenntnisse, insbesondere aus dem Bereich der Ethologie, angepasst werden.

Betrachtet man die Haltungsvorgaben für Mastschweine, so wird hingegen deutlich, dass der Verordnungsgeber dieser Verpflichtung nicht annähernd gerecht geworden ist. Ein aktuelles Rechtsgutachten zeigt, dass die Haltung von Mastschweinen, wie sie durch die Vorschriften der TierSchNutztV zugelassen wird, im Ergebnis gegen § 2

Nr. 1, 2 TierSchG verstößt (Bruhn und Wollenteit, Rechtsgutachten, 2017). Diese Art der Unterbringung entspricht ersichtlich nicht den Bedürfnissen der Schweine. Die Tiere können bei der Nahrungsaufnahme, der Pflege und in der Unterbringung selbst ihre basalen Bedürfnisse nicht befriedigen, sodass unter derartigen Haltungsbedingungen nicht mehr von „angemessener" Haltung die Rede sein kann. Ökonomische Interessen stehen ersichtlich im Vordergrund; Grundsätze des Tierschutzrechts sowie die Staatszielbestimmung des Art. 20a GG werden konterkariert.

Doch obwohl es sich um einen offenkundigen Verstoß gegen geltendes Recht handelt, bietet sich kaum eine Handhabe, hiergegen vorzugehen. Eine Klagebefugnis für Tiere oder deren Repräsentanten existiert nicht. Es könnte allein auf dem Wege einer Normenkontrolle Abhilfe geschaffen werden.

Als weiteres Beispiel für die mangelnde Um- und Durchsetzung des Tierschutzrechts kann auch die ganzjährige Anbindehaltung bei Kühen angeführt werden.

Diese Haltungsform ist nicht durch eine Verordnung oder ein Gesetz explizit verboten, obgleich ein Gutachten ergeben hat, dass Kühen in ganzjähriger Anbindehaltung länger anhaltende oder sich wiederholende Schmerzen oder Leiden zugefügt werden, die „erheblich" i.S.d. § 17 Nr. 2b TierSchG sind (vgl. Hessisches Ministerium 2017).

Insofern wäre hier eigentlich das Bundesministerium für Ernährung und Landwirtschaft (BMEL) in der Pflicht, eine entsprechende Verordnung zu erlassen. Denn wenn ohne den Erlass von besonderen Haltungsregelungen eine artgerechte Unterbringung der Tiere nicht möglich ist, „verdichtet sich das Ermessen des zuständigen Ministeriums nach § 2a TierSchG auf den Erlass entsprechender Haltungsverordnungen" (Caspar/Schröter 2003, 104).

Das BMEL sieht sich allerdings nicht in der Pflicht. Und das, obwohl sogar der Bundesrat einräumt:

> „Bei der ganzjährigen Anbindehaltung von Rindern sind wir ganz bei Ihnen: Sie ist nicht artgerecht und sollte nach Meinung des Bundesrates verboten werden.

Auch das Bundesministerium für Ernährung und Landwirtschaft ist der Auffassung, dass eine dauerhafte Anbindehaltung von Rindern [...] nicht praktiziert werden sollte. Da es davon ausgeht, dass Tierhalter grundsätzlich bereit sind, sich für den Tierschutz zu engagieren, verzichtet das Ministerium jedoch auf ein gesetzliches Verbot." (Schreiben des Bundesrates vom 27. Januar, das der Verfasserin vorliegt)

Das Fehlen eines Verbots führt wiederum in der Praxis regelmäßig dazu, dass strafrechtliche Verfahren eingestellt werden: Einige Staatsanwälte begründen diese Entscheidung schlicht damit, dass die Anbindehaltung nicht verboten sei.

Auch unter Heranziehung der aktuellen Rechtsprechung gelangt man zu dem Ergebnis, dass Theorie und Praxis im Tierschutz weit auseinanderklaffen. Das OVG Münster hatte sich unlängst mit der Frage zu befassen, ob das „Schreddern" von Küken einen Verstoß gegen § 17 Nr. 1 darstellt. Es werden in Deutschland jährlich 40–45 Millionen männlicher Küken getötet, da sie sich nicht für die Eierproduktion eignen. Dabei lässt sich nicht in Abrede stellen, dass hier allein ökonomische Interessen ausschlaggebend sind; eine Aufzucht dieser Tiere ist den Brütereien zu teuer. Diese seit langem als mit dem Postulat des ethischen Tierschutzes unvereinbar kritisierte Praxis stellt sich vor dem Hintergrund des tierschutzrechtlich zentralen Verbots der Tötung „ohne vernünftigen Grund" als Problem dar (Stucki 2016, 522). Das OVG Münster hat in seiner Entscheidung die Tötung der Küken als gerechtfertigt angesehen; von einer sachgerechten Abwägung menschlicher Nutzungs- und entgegenstehender Interessen kann dabei kaum gesprochen werden. Die tierlichen Interessen wurden gegenüber den wirtschaftlichen Interessen offenkundig vernachlässigt (ebd., 534).

4. Ausblick

In der öffentlichen Debatte gelten Tierrechte als progressiver Gegensatz zum moderaten Tierschutz. Dagegen lässt sich einwenden, dass das geltende Tierschutzrecht durchaus das Potenzial birgt, tierliche Interessen, und damit einhergehende (moralische) Rechte, zu schützen. Der Gesetzgeber hat diese Möglichkeit nicht explizit ausgeschlossen. Aus Sicht des Tierschutzes sollte das motivieren, dieses

Potenzial besser auszuschöpfen. Der Nachteil der interpretatorischen Offenheit wurde oben gezeigt: Der hohe Anspruch und die niedrige praktische Wirksamkeit klaffen im rechtlichen Tierschutz oft auseinander. Setzt man voraus, dass die Mehrheit der Bevölkerung agrarisch gehaltenen Tieren einen besseren Schutz zukommen lassen möchte, als dies heute der Fall ist (Europäische Kommission 2016), bedarf das Tierschutzrecht womöglich formalrechtlicher und institutioneller Neuerungen. Im Sinne des rechtlichen Tierschutzes wäre es vorteilhaft, wenn der Gesetzgeber dafür Sorge tragen würde, dass wirtschaftliche Nutzungsinteressen nicht willkürlich den Tierschutz untergraben dürfen. Die Einführung formaler Rechte für Tiere könnte dafür einen wegweisenden Beitrag leisten.

Literatur und Internetquellen

Augsberg, S. (2016). Der Anthroprozentrismus des juristischen Personenbegriffs. *Rechtswissenschaft 7 (3)*, 338–362.

Caspar, J./Schröter, M.(2003). *Das Staatsziel Tierschutz in Art. 20a GG.* Bonn: Deutscher Tierschutzbund.

Cochrance, A. (2012). *Animal Rights Without Liberation. Applied Ethics and Human Obligations.* New York: Columbia University Press.

DeGrazia, D. (2011). *Animal Rights. A Very Short Introduction.* Oxford: Oxford University Press.

Gall, P. v. (2016). *Tierschutz und Agrarpolitik.* Bielefeld: transcript.

Garner, R. (2016). Animal Rights and the Deliberative Turn in Democratic Theory. *European Journal of Political Theory.* Online.

Graf, T. (2017). *Ethik und Moral im Grundgesetz.* Berlin: Duncker & Humblot.

Bruhn und Wollenteit (2017). *Rechtsgutachten zur Frage der Vereinbarkeit der Haltungsvorgaben für Mastschweine mit dem Tierschutzgesetz sowie zur Zulässigkeit einer Verschärfung der Haltungsvorgaben.* URL: https://www.greenpeace.de/sites/www.greenpeace.de/files/publications/gutachten-schweine-tierhaltung_0.pdf; Zugriffsdatum: 09/2017.

Grimm, H., & Wild, M. (2016). *Tierethik zur Einführung.* Hamburg: Junius.

Hessisches Ministerium für Umwelt, Klimaschutz, Landwirtschaft und Verbraucherschutz, Landestierschutzbeauftragte Hessen (LBT) (2017). URL: https://tierschutz.hessen.de/nutztiere/versto%C3%9F-gegen-%C2%A72-nr-1-und-nr-2-tierschg-aber-auch-gegen-%C2%A717-nr-2b-tierschg).

Kriegel, U. (2013). Animal Rights – A Non-Consequentialist Approach. In K. Petrus & M. Wild (Hrsg.), *Animal Minds and Animal Ethics – Connecting Two Separate Fields.* Bielefeld: transcript, 231–247.

Ladwig, B. (2017). Politische Philosophie der Mensch-Tier-Beziehungen. Eine kritische Literaturschau. *Neue Politische Literatur 62*, 21–48.

Ort, J.-D. (2010). Zur Tötung unerwünschter neonater und juveniler Tiere. *Natur und Recht 32 (12)*, 853–861.

Pröbstl, K. (2017). *Das Recht der Tierversuche unter Berücksichtigung unionsrechtlicher Vorgaben.* Berlin/Heidelberg: Springer.

Schmitz, F. (2015). Tierschutz, Tierrechte oder Tierbefreiung? *Menschenrechtsmagazin 20 (2)*, 87–96.

Stucki, S. (2015). *Grundrechte für Tiere.* Baden-Baden: Nomos.

Stucki, S. (2016). Die Nutzung kommt vor dem Schutz. *Rechtswissenschaft 7 (3)*, 521–541.

Zur Person

Dr. Davina Bruhn ist seit 2013 Rechtsanwältin in der Sozietät Rechtsanwälte Günther in Hamburg. Zu ihrem Tätigkeitsschwerpunkt, der im Verwaltungsrecht liegt, gehört insbesondere das Tierschutzrecht. Zu den Mandanten zählen neben Privatpersonen sowohl Umweltschutz- und Tierschutzverbände als auch Ministerien und Behörden. Vor ihrer Tätigkeit bei der Sozietät Günther war sie bei PETA Deutschland e.V. als Syndikusanwältin tätig. Neben ihrer anwaltlichen Tätigkeit ist Dr. Davina Bruhn Mitglied im Vorstand der Deutschen Juristischen Gesellschaft für Tierschutzrecht e.V. (DJGT) sowie Referentin der Deutschen Richterakademie.

Korrespondenzadresse

Rechtsanwälte Günther
– Partnerschaft –
Mittelweg 150
20148 Hamburg
Tel.: +49 40 27 84 94 – 0
E-Mail: bruhn@rae-guenther.de

TIERethik
9. Jahrgang 2017/2
Heft 15, S. 15–40

Bernhard H. F. Taureck

Tierrechte und die menschliche Entnutzung der Fauna

Zusammenfassung

Warum allen Tieren Freiheitsrechte geben in einer Zeit, wo Ökologie und Politik aus den Fugen geraten sind? Antwort: Wenn wir Menschen unser Tun und Verhalten gegenüber den Tieren in Form von Verzehr oder für Laborzwecke beenden, dann könnte dies ein Muster für ähnliches Bemühen in anderen Bereichen sein, um die Menschexistenz zu retten. Jedoch muss das Ende des menschlichen Missbrauchs der Tiere ein eigener Problembereich bleiben, der nicht mit den Tierrechten verwechselt wird, wie wir sie kennen. Veganer Humanismus muss anthropozentrischen Humanismus und dessen unbeirrbar verwüstende Zerstörung des Überlebens der Menschen ersetzen.

Schlüsselwörter: Tierschutzgesetz, Tierrechte, Entnutzung, Recht, Freiheitsrecht zur Selbstregulation

| Bernhard H. F. Taureck

Animal rights and the human exploitation of fauna

Summary

Why are rights of liberty given to all kinds of animals in a time when ecology and politics are out of joint? The answer: If we humans end our actions and behaviour towards the use of animals for our consumption or for use in experiments, this could provide the setting for similar efforts in other areas to save human existence. However, ending the human abuse of animals must be a separate issue and not confused with animal rights as usual. In time Vegan humanism must replace anthropocentric humanism and its consequently devastating destruction of human survival.

Keywords: animal welfare, animal rights, exploitation, law, freedom to self-regulation

1. Ausgewogen

Die Menschen leben in einer Zeit, welche scheinbar nicht nur Sklaverei und Entrechtung der Frauen, sondern welche auch die Entrechtung der Tiere hinter sich gebracht hat. Es gibt weiterhin verdeckte Sklaverei; Frauen wird für gleiche Leistungen weniger als Männern bezahlt, und zwischen gesetzlich verbotener Leidzufügung gegenüber Tieren und der Praxis der qualvollen Aufzucht, des Transports, der Schlachtung und Laborversuche der Tiere klafft eine sich nicht schließen wollende Lücke. Das Recht scheint schwächer als die Nachfrage nach Tierfleisch.

Die Tiere bekamen Rechte. Besitzen jedoch – so mögen manche sich fragen – die Interessen des Menschen nicht ein stärkeres Recht auf Rechte? Wurde unser Verhältnis zu den Tieren nicht längst durch zu viel Sensibilität gestört, und kommt es nicht darauf an, nunmehr ausgewogener zu argumentieren?

Der seinerzeit viel geschätzte, bescheiden lebende, religiös verfolgte und früh verstorbene Philosoph Baruch de Spinoza schrieb 1677 in seiner *Ethik*:

„[…] es scheint jenes Gesetz, Tiere nicht zu opfern und zu schlachten, mehr durch leeren Aberglauben und weibisches Mitleid als durch Vernunft begründet zu sein […] Gleichwohl leugne ich nicht, dass Tiere Empfindungen haben. Ich verneine vielmehr, dass es uns nicht zukommt, für unseren Nutzen zu sorgen und sie nach Belieben zu gebrauchen und so zu behandeln, wie es uns am meisten passt."

„apparet legem illam de non mactandis brutis, magis vana superstitione, et muliebri misericordia, quam sana ratione fundatum esse. [...] Nec tamen nego bruta sentire; sed nego quod propterea non liceat nostrae utilitati consulere, et iisdem ad libitum uti, eadem tractare, prout nobis magis convenit" (Spinoza 2009, *Ethices* IV. prop. 37, scholium 1)

Könnte dies nicht eine Beschreibung und eine Empfehlung darstellen, die für unseren Umgang mit den Tieren gilt? Die Tiere, so Spinoza, sind zwar empfindende Lebewesen. Wenn wir uns in sie einfühlen, dann dürfen wir jedoch nicht vergessen, dass wir eigene Interessen und Bedürfnisse haben. Wenn die Tiere Objekte unserer Bedürfnisse sind, dann hindert uns nichts, sie zu behandeln, wie es uns beliebt. Unser Nutzen ist das Maß, nicht dagegen irgendein Wohl der Tiere. Noch im Mittelalter, zur Zeit der Wende vom 13. zum 14. Jahrhundert, hatte der Philosoph Raimundus Lullus geschrieben, es gebe ein

„natürliches Gesetz, welches das Töten von vernunftlosen Tieren verbietet" [lex naturalis prohibet interfectionem animalium irrationalium]. (Zitiert nach Spinoza 2009, 805)

Spinoza wendet sich gegen die Vorstellung eines von Natur aus bestehenden Gesetzes, welches Tierschlachtung verbietet. Ein solches Gesetz sei auf Aberglauben oder auf „weibisches Mitleid", nicht aber auf Vernunft gegründet. Der Artikel *Tiere* des dreizehnbändigen *Historischen Wörterbuchs der Philosophie* zitiert die Spinoza-Stelle, lässt jedoch Spinozas Satz über jenes natürliche Gesetz fort (Eckart & von der Luhe 2007, 1208; zu Spinoza allgemein vgl. Taureck 2009). Spinoza legt nahe: Unsere Interessen gegenüber den Tieren haben Vorrang vor allem, was Tiere empfinden und erleiden mögen. Dieser Vorrang sei vernunftgemäß, während ein Verbot der Tierschlachtung widervernünftig sei. Der Gedanke, dass Mitleid mit den Tieren uns von Tiertötung zurückhalten könne, wird in einer Weise abgewiesen, die nach heutigem Maßstab ein Bekenntnis zur

Grausamkeit oder zumindest keinen Protest gegen diese impliziert. Trotzdem scheint die zitierte Spinoza-Stelle relevant für unsere Situation, sofern es um das Abwägen zwischen dem Wohl der Tiere und der Verfolgung menschlicher Interessen geht. Das deutsche Tierschutzgesetz von 2006 bekundet in § 1:

> „Zweck dieses Gesetzes ist es, aus der Verantwortung des Menschen für das Tier als Mitgeschöpf dessen Leben und Wohlbefinden zu schützen. Niemand darf einem Tier ohne vernünftigen Grund Schmerzen, Leiden oder Schaden zufügen" (vgl. Hirt, Maisack & Moritz 2016, 93).

Soweit das Grundsätzliche. In § 2, 2a und 3 werden Haltungsbestimmungen verfügt, und § 4, 4a und 4b handeln vom Töten und Schlachten der Tiere. Man kann darüber disputieren, ob dieses Gesetz dem Tierwohl gewidmet ist oder ob es dem Menschenwohl, gebunden an Bedingungen des Tierwohls, dienen soll. In jedem Fall wird man sich über eine Ausgewogenheit insofern nicht beklagen können, als Schmerz-, Leidens- und Schadenzufügung gegenüber Tieren verboten und der Regel der vernünftigen Begründung unterstellt wird. Mit Spinoza gelesen, ist das Gesetz inkonsistent. § 1 könnte ersatzlos gestrichen werden, außer man betrachte die Massenschlachtung von Tieren als etwas Vernünftiges. Das Tierschutzgesetz könnte als ein verbaler Tribut der Humanität an den gesellschaftlichen Fleischhunger verstanden werden.

2. Der Widerspruch

Die fehlende Sicherheit, das fehlende Kriterium des Wissens, inwiefern der Mensch genau Mensch ist, scheint den Menschen so sehr geschmerzt zu haben, dass er andere, ihm Überlegene – zum Beispiel Vögel, die nicht nur fliegen, sondern auch laufen oder gar tauchen können – für ihre Überlegenheit damit bestrafte, dass er über sie wusste, was er über sich selbst nicht wusste. Und was weiß er über sie?

> „Und das Tierartige (to theriódes) ist von Natur aus redelos (áphthoggón) in seinem Verstand (en xynesei) und bleibt von Natur aus töricht" (Euripides 2006, *Die Troerinnen*, 671–672).

Die Unwissenheit des Menschen über sich selbst ließ das Tier zum Minus-Wesen werden: Das Tier dort hat weder Rede noch Verstand. Folglich ist der Mensch *dasjenige, was* über Rede und Verstand verfügt. *Dasjenige, was*: Worauf eigentlich beziehen sich diese deiktischen Wörter? Die Antwort ist bekannt aus der Aristotelischen Mensch-Definition. Der Mensch ist das *zoon logon echon*, das *animal rationale; der Mensch ist ein Vernunft und Sprache habendes Lebewesen* (Aristoteles). Diese antike Definition des Menschen bleibt bis heute maßgeblich. Zweierlei scheint jedoch übersehen worden zu sein. Zum einen geht der Mensch-Definition eine Tierbewertung voraus. Zum anderen birgt die Mensch-Definition das Risiko eines zerstörerischen Widerspruchs.

Erstens, die vorausgehende Tierbewertung: Sie geht insofern voraus, als das Animal die Gattung, das Genus, das Vorgängige, das Gegebene, das Ursprüngliche darstellt. In dieses Gegebene wird der Logos oder das Rationale hineingezeichnet. Das Gegebene ist jedoch etwas Wildes, der Erfassung, der Kontrolle, der Beherrschung sich Entziehendes.

Zweitens, der mögliche zerstörerische Widerspruch: Die Gewöhnung an die handliche Definition des Menschen als vernünftiges Lebewesen ließ übersehen, dass das Lebewesen (*zoón*, lat. *animal*) als etwas Vernunftloses gilt. Die Definition muss daher übersetzt werden in: *Der Mensch ist das Vernunftlose, das Vernunft hat.* Die klassische Mensch-Definition ist Ort und Hort eines Widerspruchs. Dieser Widerspruch wurde seit der Antike poetisch und religiös produktiv genutzt. Die Kultur war vermutlich vom Feuer dieses Widerspruchs belebt und beheizt. Sie lebte von einer unerklärlichen Selbstregulation des Feuers, das nicht zu einem Welt-Brand auswuchs. Inzwischen ging diese Selbstregulation verloren. Inzwischen ist das Feuer größer geworden als seine kulturell wärmenden Möglichkeiten. Inzwischen zeigt sich, dass der vernünftige Mensch zu einer Widervernunft fähig ist, welche den Menschen die Bedingungen der Möglichkeit zu einer biologischen und kulturellen Weiterexistenz auf dem Erdplaneten entzieht. Er schafft es nicht nur, mehr und mehr Tierarten zu vernichten. Er hat es bereits geschafft, sein eigenes Aussterben als möglich und gar als wahrscheinlich erscheinen zu lassen.

3. Eine Erwartung

Die Menschen wissen noch immer nicht, wer oder was das ist, das da aussterben würde und sich als ánthropos, homo, Mensch aussagt. Der Klarheit und Deutlichkeit der Urteile als Kriterien ihrer Wahrheitsfähigkeit betrachtende Philosoph Descartes hat explizit werden lassen, dass er nicht wusste, wie *Mensch* zu verstehen sei:

> „Was also habe ich zuvor geglaubt, dass ich sei? Gewiss ein Mensch. Was aber ist ein *Mensch*? Soll ich sagen: ein *vernünftiges Lebewesen*? Nein, weil dann nämlich gefragt werden muss, was ein *Lebewesen* sei und was *vernünftig*, so dass ich aus einer Frage in viele und schwierigere falle. Doch es bleibt mir nicht so viel Muße, dass ich diese mit solchen *Spitzfindigkeiten* verbrauchen möchte" (Hervorh. durch den Verf.).

> „Quidquam igitur antehac me esse putavi? Hominem scilicet. Sed quid est homo? Dicamne animal rationale? Non, quia postea quaerendum foret quidnam animal sit, & quid rationale, atque ita ex una quaestione in plures difficilioresque delaberer; nec jam mihi tantum otii est, ut illo velim inter istiusmodi subtilitates abuti" (Descartes 1967, 183, 2. Med.).

Jene Fixierung auf das *animal rationale* ergibt eine Verstärkung als das *vernunftlos Vernünftige*, eine offenbar unentrinnbare Kontradiktion, die inzwischen vom Kulturfeuer zur Möglichkeit eines Weltbrandes mutiert ist. Infolge von Einstellungen und Verhalten der Menschen drohen die *Bedingungen der Möglichkeit, als Mensch auf diesem Planeten zu leben, unerfüllbar zu werden*.

Im Frieden, im Schutz des Friedens, auf friedliche Weise, im Verfolgen friedlicher Ziele zeigen sich jene Bedingungen als unerfüllbar. Mindestens sieben Bedrohungen drängen sich vor jene vitalen Möglichkeiten: Erderwärmung, Ozeanversauerung, Verstrahlung (friedlich riskante Modernisierung der Atomwaffen, extreme Unsicherheit der Atomkraftwerke), gegen Antibiotika resistente Keime, Nahrungsknappheit (kein Soja und Getreide für Millionen Menschen, weil es zu Viehfütterung gebraucht wird), toxische Kontamination von Wasser, Boden und Luft, drohender Infrastrukturinfarkt infolge der zur Überwachung benötigten Netzunsicherheit. Die Bezeichnung *Bedrohung* ist hierfür zu abgegriffen, und eine neue steht nicht zur Verfügung. Vielleicht hilft der Neologismus *Berohung* weiter?

Wozu, fragt man sich im Licht der hellen Weltbrand-Wahrscheinlichkeit, wozu lohnt sich dann noch eine Beschäftigung mit Tierrechten? Es gibt darauf eine vielleicht utopisch anmutende, in Wirklichkeit nicht-utopische Antwort: Eine Regelung des Mensch-Tierverhältnisses ist der einzige Ort, an dem ethisches Sollen vollständig in Verhalten umsetzbar ist, verbunden mit der begründeten Erwartung, die Arbeit an der allgemeinen Zerstörung dann ebenfalls einzustellen.

4. Tierrechte und der Kreislauf normbestimmter Legitimität

Die Produktion von Texten zur Tierethik ist inzwischen das Gegenteil von dem geworden, was sie vor einer Generation noch war: War sie zuvor dürftig, so wurde sie nunmehr unübersichtlich. (Eine leicht verständliche Übersicht bietet der denkbar ausführliche Tierrechts-Kommentar von Hirt, Maisack & Moritz 2016, 10–17). Die folgenden Überlegungen vereinfachen nicht. Sie modellieren. Hinsichtlich der Frage der Rechte von Tieren gibt es das Modell der Ablehnung und das der Bejahung. Die Bejahung gliedert sich in zwei Gruppen. Die eine vertritt die Ansicht, Tiere besitzen subjektive Rechte auf Unversehrtheit und Wohlergehen. Für die andere Gruppe bilden Tierrechte Teil der Menschenrechte. Die Menschenwürde gilt ihr nur dann als erfüllbar, wenn sie die Würde der Tiere einschließt.

Nun ist es möglich, neben Ablehnung und Bejahung von Tierrechten noch eine dritte Position zu vertreten, die zunächst paradox wirken muss, weil sie sich als eine Option darstellt, die sich aus Verneinung und Bejahung von Tierrechten zusammensetzt. Sie lehnt die Verleihung subjektiver Rechte an Tiere ab und bejaht zugleich ein einziges, jedoch umfassendes Recht aller Tiere, nämlich das Recht auf Freisein von jeder menschlichen Nutzung. Diese *dritte* Position ist die Option der *Entnutzung* der Tiere, verstanden als die von Menschen nicht gehinderte Regelung tierischer Belange durch die Tiere selbst. Während die Position der subjektiven Rechte auf Unversehrtheit und Wohlergehen und die Position der Tier-Würde bereits Modellcharakter beanspruchen, fehlt der Entnutzung noch das Modellhafte. Eine Position wird dann zu einem Modell, wenn sie mit Szenarien ihrer Anwendung verbunden wird.

Eine Position der Regelung von etwas ist nur dann eine Position, wenn sie zugleich auch Schwierigkeiten erzeugt. Schwierigkeiten bilden also keinen Einwand gegenüber einer Position. Entscheidungen über den Vorzug einer Position ergeben sich aus dem Vergleich der Positionen im Hinblick auf die absehbaren Möglichkeiten der Lösung von Schwierigkeiten.

Eine Klärung der drei bzw. vier Positionen im Hinblick auf Rechte der Tiere setzt ein Verständnis dessen voraus, was unter *Tier* und was unter *Recht* zu verstehen ist. Unter *Tieren* seien *Lebewesen* verstanden, *die sich eigenständig fortbewegen und die empfindungsfähig sind*. Tieren wird also ein Verhaltensmerkmal und ein Merkmal des Bewusstseins zugeschrieben. Ohne diese Doppelbeschreibung wären keine der drei genannten Positionen sinnvoll. Wer Tierrechte ablehnt, wird den Tieren daher Selbstbewegung und Empfindung – wie jener in der Einleitung zitierte Spinoza, welcher Tierschlachtung für etwas Vernünftiges hielt – gleichwohl nicht absprechen. Wer Tierrechte befürwortet, wird darauf bestehen, dass Tiere weder in ihrer Selbstbewegung noch in ihrer Empfindung durch Menschen beeinträchtigt werden dürfen. Wer sich für eine Entnutzung der Fauna einsetzt, urteilt ebenso.

Anders verhält es sich mit dem Begriff des *Rechtes*. In einer liberalen Gesellschaft kann *Recht* als *Inbegriff der Gesetze verstanden werden, die der Staat schafft*. Diese Angabe mag intuitiv einleuchten, und es mag gelten, dass sie durchschnittlich auch der alltäglichen Verständigung dient. Bei näherem Hinsehen sind jedoch Ausdrücke wie „liberale Gesellschaft", „Inbegriff der Gesetze" und „Staat" erläuterungsbedürftig. Würden wir uns an dieser Stelle auf eine Erläuterung dieser Angaben einlassen, dann würde sich eine Behandlung unseres Themas ins Ungewisse verschieben, ohne dass wir sicher sein könnten, vermutete Voraussetzungen einzuholen. Ein anderer Weg sei daher eingeschlagen, um das als *Inbegriff der von dem Staat einer liberalen Gesellschaft geschaffenen Gesetze* verstandene

Recht in seinen Voraussetzungen zu erfassen. Wir benötigen zumindest Angaben über notwendige und hinreichende Voraussetzungen, die mit dieser Rechtsdefinition verbunden sind. Eine Voraussetzung lautet: Der Staat muss als normgebende Instanz von der Gesellschaft akzeptiert werden. Ein von der Gesellschaft nicht akzeptierter Staat verliert seine Legitimität. Doch das Akzeptieren eines Staates durch seine Gesellschaft erscheint elastisch, zumal die jeweilige Regierung nicht der Staat ist. Regierungen werden dadurch akzeptierbar, dass sie vom Wahlvolk abgewählt werden können und insofern nur auf Zeit bestehen. Zudem sorgt fast jede liberale Regierung dafür, dass sie während einer Legislaturperiode umgebildet wird, auch wenn diese Praxis nicht überall so exzessiv betrieben wird wie etwa in Frankreich. Eine Ressource der Akzeptanz des Staates ist also die Auswechselbarkeit seiner Regierungen durch Umbildung und Wahlen. Diese Ressource ist jedoch nur mittelbar eine Staatsressource, da sie die Regierung betrifft. Eine unmittelbare Ressource dafür, dass auch der Staat selbst akzeptiert wird, liegt daher anderswo. Sie liegt darin, dass die Gesetze Normen enthalten, welche die Akzeptanz befördern. Dies läuft auf einen Kreislauf hinaus:

$$\text{Akzeptanz} \longrightarrow \text{Staat} \longrightarrow \text{Gesetze} \longrightarrow \text{Akzeptanz}$$

Es lässt sich von einem *Kreislauf normbestimmter Legitimität* sprechen, welcher probeweise als Beschreibung konsolidierter liberaler Gesellschaften dienen mag. Wird statt dieses Kreislaufs eine Opposition von Staat und Gesellschaft angenommen, so können beide, Staat und Gesellschaft, wiederum als Kreislauf dargestellt werden: Die Gesellschaft bestimmt den Staat und dieser die Gesellschaft. Die Annahme eines Kreislaufmodells ist für die einen Konfliktverhinderung infolge Zirkulation, während er für andere Revolutionspermanenz garantiert. Der letzteren Ansicht widerspricht allerdings die Tatsache, dass *Revolution* seit 1789 den wörtlichen Sinn der Kreisbewegung verloren und ihn durch den eines Aufbruchs in eine lineare Zeit ersetzt hat. Die christliche, bei Augustinus vollzogene, Zeitvorstellung einer linearen Zeit des Wegs zur eschatologischen Auflösung der zyklischen, aber zugleich aller Zeit überhaupt wurde 1789 mit der Französischen Revolution nochmals vollzogen, jedoch in säkularisierter Form. Doch diese Bezüge können hier lediglich genannt, aber nicht ausgeführt werden.

Geht man von jenem Kreislauf normbestimmter Legitimität aus, so benötigt die Akzeptanz von Normen für Gesetze noch mehr als die Stabilität eines Kreislaufs. Worauf Normen gegründet werden, ist eine offene Frage, welche liberale Gesellschaften teils produktiv rechtserweiternd, teils bedrohlich rechtssprengend durchzieht. Tierrechte stehen im Verdacht, beides zu sein. Sie sind rechtserweiternd, sofern sie den bestehenden Rechten bislang unbekannte Bereiche hinzufügen. Sie erscheinen rechtssprengend, weil der Mensch die Bereiche noch gar nicht kennt, die ihn vom Tier und die das Tier vom Menschen abgrenzen können.

5. Problematische Ziele der Tierrechte

Ziele der Tierrechte sind *negativ* beschreibbar als Vermeidung der Zufügung von Schmerz, Leid und Schaden gegenüber Tieren. Offenbar muss unterschieden werden zwischen Vermeidung und Verhinderung der Schädigung. *Vermeidung* bezieht sich eher auf die Einstellung, *Verhinderung* auf Verhalten. Vermeidung meint jedoch auch ein Verhalten, das Ausnahmen zulässt, teils geplant, teils ungeplant. Wer beispielsweise eine schriftliche und mündliche Kompetenz in einer Fremdsprache beansprucht, kann dabei ungeplant unterlaufende Irrtümer im Sprachgebrauch nicht stets vermeiden.

Der oben zitierte erste Paragraf des deutschen Tierschutzgesetzes spricht weder von Vermeidung noch von Verhinderung, sondern verbietet Tierschädigung mit der Einschränkung eines „vernünftigen Grundes". Es handelt sich damit um eine Vorschrift einer mit einer geplanten Ausnahme verbundenen Vermeidung von Schadenszufügung gegenüber den Tieren. Der Gesetzgeber hat auf diese Weise versucht, einem doppelten gesellschaftlichen Interesse entgegenzukommen. Der gesellschaftliche Bedarf nach Haustieren verlangt, dass diesen Lebewesen keinerlei Schaden zugefügt wird. Der gesellschaftliche Bedarf nach Fleischnahrung verlangt die Schlachtung von Schweinen, Rindern, Ziegen, Geflügel, Fischen. Da es unmöglich ist, dass Schlachtung von Tieren keine Schadenszufügung darstellt, bedarf diese Verhaltensweise einer Begründung. Diese wird mit „vernünftiger Grund" nicht gegeben bzw. verschleiert. „Vernünftiger Grund" kann jedoch als eine Aufforderung zu einer Regelbildung verstanden werden, welche gemeinsam mit ihren Anwendungen gesellschaftlich akzeptiert wird. Es wird offenbar vorausgesetzt, dass Einstellungs- und Verhaltensweisen als vernünftig gelten, welche von allen Gesellschaftsmitgliedern akzeptiert werden oder zumindest akzeptiert werden können. Nun weiß der Gesetzgeber, dass diese Annahme hinsichtlich der Tierschlachtung nicht gilt, da Vegetarismus und Veganismus den gesellschaftlichen Konsens diesbezüglich verweigern. Die Folgerung für das negative Ziel der Tierschutzrechte liegt auf der Hand. Entweder ist das negative Ziel des Tierrechts widersprüchlich oder es dient einer Verschleierung menschlicher Tiernutzung als nachwachsendem Rohstoff für menschliche Ernährung. Selbstverständlich lässt sich fordern, dass es ein Recht aller Tiere darstellt, dass ihre absichtliche oder fahrlässige Schädigung durch den Menschen strikt verhindert wird. Einer solchen Forderung wird jedoch kein Gesetzgeber entsprechen, da und solange die Ernährungsweise der Menschen einen Teil ihres Freiheitsrechtes darstellt.

Anders verhält es sich mit dem *positiven* Ziel und Inhalt der Tierrechte. Es lautet: Die *Tiere sind mit den Menschen gleichberechtigt, aber nicht gleichverpflichtet.* Deshalb versagen emanzipatorische Analogien mit der Verleihung von Rechten an Frauen und Sklaven, welche mit der Rechtsgewährung zugleich zu Subjekten von Verpflichtungen wurden. Auch die Analogie mit Säuglingen und Kleinkindern ist unpassend, weil diese sich zu Verpflichtungssubjekten entwickeln werden. Das positive Ziel der Tierrechte, ihre Gleichberechtigung mit den Menschen, unterscheidet sich auch von der verbreiteten Vorstellung, wir Menschen hätten zwar Pflichten gegenüber den Tieren (etwa das negative Ziel der Leidvermeidung), wobei die Tiere jedoch keinerlei Recht besitzen.

Das positive Ziel der Tierrechte enthält generell zwei Probleme. Es versetzt die Tiere in eine Position, die sie nicht einnehmen wollen. Und es versetzt die Menschen in eine Position, die sie nicht einnehmen können. Damit die Tiere mit uns gleichberechtigt und vergesellschaftet werden, werden sie als Haustiere betrachtet, die sie aber nicht sind. Als Haustiere verstehen wir Tiere in einer Funktion, die wir ihnen aufnötigen, nämlich die von Kindern, welche die Besonderheit haben, nicht erwachsen zu werden. Soll diese Funktionalisierung der Tiere entfallen, so wird umgekehrt vom Menschen verlangt, dass er sich mit den Tieren vergesellschaftet, die keine Haustiere sind. Dazu müsste er jedoch seine bisherige Vergesellschaftung auflösen oder einschränken. Da wilde Tiere ihre Lebensweise nicht auf den Menschen abstimmen, müsste dieser die seine auf die Lebensweise der Tiere abstimmen. Es ist davon auszugehen, dass die Menschen dies nicht vermögen, da sie nicht einmal wissen, wie sie dies ansatzweise bewerkstelligen sollen.

6. Weitere Schwierigkeiten

Zu diesen Schwierigkeiten der Tierrechte gesellen sich weitere.

Erstens: Es droht eine *Entrechtung von Arten*. Denn die Diskussion um die Verleihung von Rechten an die Tiere wird überwiegend für diejenigen Tiere geführt, welche den Menschen am nächsten stehen, das heißt die Primaten mit ihren immerhin 400 Arten. Eine Beendigung der qualvollen Tierversuche an Primaten ist sicherlich ein wünschenswertes Ziel. Doch wenn Tierrechte nur Primaten zugesprochen werden, dann folgt mit Notwendigkeit, dass die restliche Fauna rechtlich unberücksichtigt bleibt. Primaten wären dann in ihrer Würde geschützt wie Menschen oder besäßen dieselben subjektiven Abwehrrechte gegenüber dem Staat wie die menschliche Bevölkerung. Die restliche Fauna bliebe indes rechtlich schutzlos, und es bestünde lediglich die Hoffnung, dass Menschen sich verpflichtet sehen, auch andere Tiere als ausschließlich Primaten vor Schädigung zu schützen. Dieser Schwierigkeit könnte mit dem Einwand begegnet werden, dass Primaten nur der Anfang, nur der Einstieg in die Verleihung von Rechten an Tiere bilden sollen. Dieser Einwand bleibt jedoch die Antwort auf die Frage schuldig, warum die Primaten von der übrigen Fauna isoliert und privilegiert werden.

Die Situation der Rinder in Indien bietet ein vormodernes Beispiel. Dort nämlich genießen Rinder ein heiliges Schutzrecht, andere Tiere jedoch nicht. Wer Rinder schlachtet, kann dafür ermordet werden, während die Vergewaltigung von Frauen nur extrem schleppend verfolgt wird. Die indische Situation bildet einen vormodernen Zerrspiegel einseitig verliehener und praktizierter Tierrechte.

Zweitens: Es droht eine *Verfestigung der bestehenden Nutzung* der Tiere durch den Menschen. Die Primaten werden isoliert und privilegiert, die übrigen Tiere aber bleiben Nutzungsobjekte für die Menschen. Im Unterschied zur herkömmlichen Nutzung kann Tiernutzung unter rechtlichen Schutzbedingungen der Primaten als moralisch legitimierter gelten, denn es besteht ausdrücklich keinerlei Recht, welches zum Beispiel Schweine, Rinder, Geflügel oder Fische davor schützt, Schlachtressource für den Menschen zu bilden. Das Gewissen der karnivoren Mehrheiten kann auf diese Weise erheblich von dem Bewusstsein entlastet werden, etwas nicht Zulässiges zu tun. Mehr noch, mit der Verleihung von Grundrechten an privilegierte Tiere, die zugleich den natürlichen Vorteil besitzen, nicht als nachwachsende Schlachtressource für den Menschen infrage zu kommen, wird eine Nutzung der übrigen Fauna endlich gesetzesförmig kompatibel. Tierrechte dienen der Tiernutzung und diese den Tierrechten. Dagegen ließe sich einwenden, dass die Tiernutzung verringert werden könnte.

Drittens: Es droht ein *Kampf um Einfluss und Macht* bei der Fixierung von Tierrechten und ihrer Geltungsbereiche. Diese Schwierigkeit droht umso mehr, als nicht die Betroffenen in ihrem eigenen Namen, sondern Menschen im Namen der Tiere Rechte fordern. Einführung von Rechten ist stets eine Machtfrage. Zu beachten ist hierbei jedoch eine Besonderheit, da kein gesellschaftsbezogener Begriff umstrittener zu sein scheint als der Begriff der Macht. Beschreiben lässt sich Macht vermutlich als Wenn-Dann-Beziehung: *Wenn* Person A von Person B x verlangt und B x ausführt, *dann* hat A Macht über B. Doch diese Beschreibung bleibt unvollständig und gilt nur induktiv. Es können einige und viele Fälle dieser Art beobachtet werden, aber niemals alle. Eine Erklärung von Macht hat die Form: *Weil* Person A von Person B x verlangt, *deshalb* führt B x aus. Doch welche Kraft ist hier wirksam? Die Erklärung bleibt diffus. B kann x ausführen, weil Person B so erzogen wurde, weil B sich Vorteile verspricht, weil B Angst hat, weil sie an dieses Verhalten gewöhnt ist oder weil sie etwas ausprobieren möchte. Dies ergibt bereits fünf verschiedene Erklärungen. Um eine zutreffende Erklärung zu erreichen, wird daher auf die Beschreibung verwiesen. Und diese verweist auf die Erklärung. *Wenn* geschieht wegen *Weil*, und *Weil* wegen *Wenn*.

Machtbeschreibung beruht auf Machterklärung und Machterklärung beruht auf Machtbeschreibung. Eine nicht erfolgreiche Erklärung soll einer nicht erfolgreichen Beschreibung helfen und umgekehrt. Macht gerät in einen Zirkel der Erklärung mit der Folge, dass Macht ein „essentially contested concept" bildet (Ball 1996, 553–556). Es folgt, dass es Macht, theoretisch präzisiert, gar nicht gibt. Immer dann, wenn man theoretisch Macht erfassen will, schwindet sie, um als politisch genutzte Asymmetrie ihre Stimme zu erheben und Plätze und Straßen zu füllen. Daher verschiebt sich die Macht-Betrachtung auf normative Setzungen. Man verlangt etwas von der Macht, erwartet etwas von ihr und glaubt, dabei etwas entdeckt zu haben, nämlich eine erneute Unfassbarkeit.

In der Aufklärung fand man, dass Macht nicht hält, was sie verspricht: Angetreten, das Gemeinwohl zu befördern, degeneriert sie leicht zur unehrlichen Fürsprecherin von Sonderinteressen. Ähnliches könnte auch mit jenen Machtansprüchen geschehen, die rasch genau dann entstehen, wenn verschiedene Gruppen über Belange ausgeschlossener Dritter entscheiden sollen. Diese Konstellation ist übrigens nicht nur *aus* der traditionellen politischen Geschichte, sondern *als* dieselbe bekannt: Gruppen bestimmen in Machtkonflikten über das Wohl von Bevölkerungen, welche in diesen Machtkonflikten keine Stimme haben.

Gegen das Bedenken dieser Schwierigkeit ließe sich einwenden, dass statt Macht eine freie Verständigung als Überzeugungsarbeit stattfinden könnte. Dieser Einwand übersieht jedoch, dass Machtbildungen kaum ohne Überzeugungsarbeit geschehen und kaum ohne sie möglich sind.

Viertens: *Tierrechten fehlt, auch als ein ius cogens, die Vollstreckungsmöglichkeit.* Auch wenn Primaten zum Beispiel körperliche Unversehrtheit als Grundrecht zugesprochen wird und dieses Recht durch keinerlei Abmachungen und Verträge aufgehoben werden kann und somit ein unabdingbares Recht (ius cogens) darstellt, so fehlt ihm gleichwohl der Vollstreckungszwang. Dieser Umstand lässt Tierrechte zu einem Analogon des „International Public Law" (Völkerrecht) werden, das ebenfalls ein unabdingbares Recht ohne Vollstreckungsmöglichkeit bildet: Auch wenn Primaten das Recht auf körperliche Unversehrtheit als ius cogens und nicht bloß als ius dispositivum zugesprochen wird, so ist damit keine Rechtsvollstreckung verbunden. Dagegen lässt sich einwenden, dass die Vollstreckungsmöglichkeit der Tierrechte Gegenstand von noch zu leistender Arbeit sein wird. Ersichtlich ruft dieser Einwand wieder die unerledigte Machtfrage auf. Denn um Rechtsvollstreckung zu erreichen, ist eine erhebliche wie unerklärliche Macht erforderlich.

Fünftens: Sofern höheren Tieren lediglich Grundrechte zugesprochen werden, droht eine *Pervertierung des Grundrechtsgedankens.* Denn Grundrechte sind nur insofern Grundrechte, als sie zur weiteren Implementierung dienen. Ist eine Implementierung von Grundrechten nicht vorgesehen, so kann es geschehen, dass ihre rechtlich bindende Anwendung nicht möglich wird, wodurch jene Grundrechte zu etwas Absurdem werden. Auch hier lautet das Gegenargument, dass auf Dauer auch Implementierungen vorgesehen werden können. Man wird wiederum auf etwas vertröstet, auf dessen Eintrittsbedingungen die Vertröster keinen Einfluss haben.

Sechstens: Die *präskriptiven* Grundlagen der Tierrechte sind *unklar.* *Utilitaristische* Begründungen können die Bejahung von Leidzufügung gegenüber Individuen nicht ausschließen, sofern dadurch ein Gesamtnutzen befördert wird. Alte Tiere zum Beispiel könnten daher getötet werden, weil dadurch mehr Nutzen (mehr Futter, mehr Fürsorge) für die Menge der jungen zur Verfügung stünden.

Die Annahme eines *intrinsischen* Wertes als Würde der Tiere kann deskriptiv nicht eingelöst werden. Niemand weiß zu sagen, aufgrund welcher beobachtbaren Züge Lebewesen innere Werte oder

Würde zugesprochen oder wann sie ihnen nicht zugesprochen werden sollen. Ein intrinsischer Wert der Tiere wird ebenso willkürlich gesetzt wie die monotheistischen Religionen ihn verweigern. *Mitleid* als Affekt kann nicht gefordert werden. Wenn es in hohem Grade angemessen ist, aus eigenen Mitleidgefühlen Tieren Leid zu ersparen, so können diese Gefühle nicht von anderen verlangt werden, weil niemand befähigt ist, in sich selbst Gefühle zu erzeugen.

Ein *Gesellschaftsvertrag* zwischen Menschen und Tieren scheidet wegen der fehlenden Rolle der Tiere als Mitglieder beratender Versammlungen aus. Ein Gesellschaftsvertrag setzt Beratung und Beratung setzt Verständigung in einer Sprache voraus, die allen Mitgliedern der Beratungsversammlung verstehend und mitteilend zur Verfügung steht. Handelt es sich um eine Menschensprache, so steht Tieren diese nicht zur Verfügung. Das Gegenargument läuft auch nur wieder auf eine Vertröstung hinaus, der gemäß eben nach problemlos erfüllbaren Sollens-Sätzen gesucht werden müsse.

7. Inwiefern Utopien Fleischkonsum verstärkten

Was bisher unter Tierrechten verstanden wurde, ist – gleichgültig, ob als tierspezifisches Abwehrrecht oder als Äquivalent zu Menschenrechten verstanden – gravierenden inneren Schwierigkeiten ausgesetzt, so dass eine Gesellschaft, die mehrheitlich und in ihren Institutionen tierrechtsunwillig bleibt, kaum gesellschaftlich verändernde Auswirkungen der Forderungen nach Tierrechten zu fürchten hat. Insbesondere dürfte die Koalition von Tiernutzung und Tierschützung als Vereinbarkeit von Haustierfreundlichkeit und Tierfleischkonsum das gesellschaftliche Verhalten gegenüber den Tieren im Sinn eines anthropozentrischen Humanismus stabil halten. Eine Funktionsbedingung dieser stabilen Koalition dürfte sehr simpel sein: Das Schlachtleid der Tiere darf weder öffentlich gehört noch gesehen werden. Kommt es dazu, dass man sich einen Film wie *Hope for All* der österreichischen Regisseurin Nina Messinger ansehen soll, so weigern sich Fleischkonsumenten häufig, dies zu tun (Taureck 2017). Es dürfte nicht allgemein bekannt sein, dass die öffentlich verborgene Schlachtung nicht allein die Widersprüchlichkeit gesellschaftlicher Einstellungs- und Verhaltensweisen demonstriert, sondern dass sie die Erfüllung einer utopischen Sicht von 1518 bildet:

> „Mit den [...] Märkten sind Lebensmittelmärkte verbunden, zu denen Gemüse, Obst und Brot angefahren wird, außerdem auch Fische und Fleisch (pisces praeterea carnesque), diese aber auf besonderen *Plätzen außerhalb der Stadt* (*extra urbem locis appositis*), wo man im fließenden Wasser Blut und Schmutz abwaschen kann; von dort bringt man das Vieh, von Sklaven geschlachtet und gereinigt, in die Stadt. *Sie dulden nämlich nicht, dass sich ihre Bürger an das Zerfleischen von Tieren gewöhnen, weil sie glauben, dass diese Gewöhnung das Mitleid, diese menschlichste aller unserer natürlichen Empfindungen, allmählich abstumpfen müsse (Nam neque suos cives patiuntur adsuescere laniatu animanlium, cuius usu clementiam, humanissimum naturae nostrae adfectum, paulatim deperire putant)*" (Hervorh. durch den Verf.).

Diese Bemerkung findet sich in Thomas Morus' berühmter Schrift *Utopia* von 1518 (Morus 1518/2012, 162–163). Was für Morus bewusstes Gegenbild zur wirklichen Praxis war, wurde inzwischen fleischökonomisch und fleischpolitisch Wirklichkeit: Die Schlachtung erfolgt außerhalb der Öffentlichkeit. Die Konsumenten erhalten zudem nur unblutiges und gesäubertes Fleisch, dem man die Spuren der Ermordung nicht mehr ansieht. Dadurch sollte eine als natürlich angenommene Mitleidsbereitschaft nicht beeinträchtigt werden. Was 1518 noch eine gewisse, wenngleich schwache, utopisch-gegenwirkliche Beschreibung bildete, ist inzwischen längst Wirklichkeitsstandard: Öffentlichkeitsentzogene Schlachtung, saubere Fleischware, Nebeneinander von Tierliebe und Tierleid-Tierfleischkonsum. Nimmt man eine andere Utopie hinzu, so gelangt man zu einem noch nicht gezogenen, aber fälligen Schluss:

Anfangs wollten sie kein Tier töten, weil es ihnen grausam vorkam. Aber aus der späteren Erwägung, dass es genauso grausam sei, Pflanzen zu vernichten, die doch auch Gefühl haben, und dass es daher nötig wäre, Hungers zu sterben, sahen sie ein, dass die niederen

Wesen um der höheren willen geschaffen seien, und deshalb essen sie jetzt alles.

Ebenfalls ein authentisch utopischer Text, zu finden in Tommaso Campanellas *Civitatis Solis* von 1532 (vgl. Taureck 2017). Auch Utopier irren. Dass man weniger Pflanzen isst, wenn man Tiere verspeist, beruht übrigens auf einem Fehlschluss. Denn die Tiere, die man isst, benötigen mehr Pflanzenfutter, als der Mensch jemals zu verzehren in der Lage wäre. Naheliegende Folgerung: Die beiden klassischen Utopien von Morus und Campanella lassen jede Chance zum Veganismus ungenutzt. Morus sorgt sich lediglich darum, geheuchelte Bedingungen zu schaffen, welche Tierliebe und Tierleid öffentlich widerspruchsfrei halten.

Folgt noch etwas anderes? Folgt, dass die oben erwähnte Entnutzung der Fauna durch den Menschen noch utopischer ist als selbst utopischer Umgang mit den Tieren? Diese Folgerung wäre nur dann zwingend, wenn die erwähnten Utopien in dem Sinn utopisch wären, dass sie kaum erfüllbare Forderungen an die Ernährungsweise der Menschen stellten. Dies ist nicht der Fall. Vielmehr bekräftigen sie menschliche Fleischernährung bzw. bereiten die Modernisierung ihrer Bedingungen vor. Inzwischen ist festzustellen, dass die Fleischwirtschaft – ein indirekter Erfolg des Veganismus – benötigt, was sie bisher nicht kannte: Marketing. Welcher Verfahren sie sich dabei bedient, deckt der Beitrag vom 02.09.2017 des Internetportals Vegan.EU auf (Strategien der Fleischwirtschaft 2017).

8. Entnutzung

Der Gedanke einer menschlichen Entnutzung der Fauna bietet keine sonderlichen Verständnisschwierigkeiten. Er widerspricht auch nicht dem Gedanken der Tierrechte, sondern versteht sich als folgerichtige Variante derselben. Wenn Garantie von Freiheit und Wohl Inhalt und Ziel der Menschenrechte darstellen (vgl. Taureck 1992), so gilt dies auch für die Tiere als Thema der Entnutzung. Eine tiernutzende Zivilisation bemüht sich um das Wohl der Tiere, ist aber gleichzeitig nicht bereit, Tiere als freie Lebewesen anzuerkennen. Freiheit wird Tieren nur in Form des Aufenthaltes in begrenzten

Räumen zugesprochen, in denen für ihr lebenslanges Wohl als Haustiere oder für ihr „Wohl" solange gesorgt wird, bis sie zu Fleischwaren werden. Freiheit der Tiere bleibt ein ungelöstes Problem einer Kultur des anthropozentrischen Humanismus. Im Unterschied dazu besagt Entnutzung der Tiere:

> *Jedem Tier ist ein Recht auf Freiheit zur Selbstregulation seiner Lebensabläufe zu gewähren. Kein Mensch darf daher Tiere zu seinen Zwecken nutzen.*

Die Freiheit der Tiere besteht in der Selbstregulierung ihres Verhaltens als Fähigkeit und Verhalten. Tiere betreiben eine *Selbstregulierung* ihrer Ortswahl, ihrer Nahrungssuche, ihrer Reproduktion. Im Unterschied dazu verstehen Menschen ihre eigene Freiheit als *Selbstbestimmung*. Beides schließt Lernen ein. Ein selbstreguliertes Lernen meint ein Lernen, das weder Lernen noch Selbstregulierung infrage stellt. Dagegen meint ein selbstbestimmtes Lernen: Lernen, das Lernen und Selbstbestimmung infrage stellen kann. Nimmt man dies an, so sind Tiere lernfähige und lernbereite, Menschen dagegen zwar lernfähige, jedoch nur verzögert lernbereite Wesen. Tiere sind offenbar rasch lernende Lebewesen. Aus der Tierpsychologie kommen beständig Nachrichten, welche dieses mühelose Lernen demonstrieren. Selbstverständlich lernt auch der Mensch, jedoch im Ganzen weniger erfolgreich trotz enormer kollektiver Lernschritte. So ist die Mehrheit der Menschen bislang nicht bereit, ihre Ernährungsgewohnheiten so einzurichten, dass sie keinem Tier Leid zufügen. Selbst Vegetarier weigern sich, auf den Konsum von Milchprodukten zu verzichten, auch wenn sie wissen, wissen können oder wissen müssten, dass dies für die Kühe Leid und für die Kälber den Tod bedeutet.

Man wird entgegnen, dass die Menschen hinsichtlich eines bedrohlichen Phänomens gigantische Lernschritte vollzogen haben, nämlich des in der Fauna fast unbekannten Phänomens des Krieges. Sie erfanden zunächst Religion auch deshalb, um durch Gottheiten vor Kriegen oder Kriegsfolgen behütet zu werden. Doch Religionen erwiesen sich oft als Kriegsgründe. Der Dreißigjährige Konfessionskrieg wurde 1648 mit einer politischen Kriegssouveränität nach Maßgabe eines zwischenstaatlichen Machtgleichgewichts beendet.

300 Jahre und mehr als 100 Millionen Kriegstote später vollzog man einen dritten Lernschritt: Den Staaten wurde das Kriegsrecht außer im Notwehrfall entzogen. Frieden ist – in der UNO-Globalordnung – die Norm, Krieg Normverstoß. Da Normverstöße jedoch auch produziert werden können und da gegen sie Krieg geführt werden darf, droht ausgerechnet mit dem dritten Lernschritt mühelos ein jederzeit möglicher Erdbrand, wie die geopolitische Konstellation derzeit latent und manifest deutlich werden lässt. Es steht daher ein vierter kollektiver Lernschritt aus. Doch weder besteht darüber die dafür nötige öffentliche Diskussion, noch ist ansatzweise erkennbar, was dieser vierte Lernschritt beinhalten müsste.

9. Der Rechtsstatus der Tierfreiheit

Mit der Entnutzung sind zwei Probleme verbunden. Das erste betrifft den Rechtsstatus der Tierfreiheit, das zweite Fragen der praktischen Umsetzbarkeit. Hinsichtlich des *Rechtsstatus* fragt sich, ob das Freiheitsrecht der Tiere etwas ihnen von Natur aus Zukommendes darstellt oder ob es ihnen von uns verliehen wird. Kommt es ihnen von Natur aus zu, so ist dies eine stärkere Annahme, als wenn es lediglich ein von uns verliehenes Recht darstellt. Worauf bezieht sich jedoch das „wir", das Rechte verleiht, und was oder wer ist die „Natur" als Ursprung des Freiheitsrechts der Tiere?

Beide Fragen drohen sich im Unbeantwortbaren zu verlieren. *Wir* meint nämlich alle Menschen in ihrer Gesamtheit oder eine Gruppe. Doch es ist nicht erreichbar, dass alle Menschen Rechte verleihen, sondern lediglich qualifizierte Gruppen. Die Qualifikation von Gruppen rechtfertigt sich entweder sozial oder ontologisch. In beiden Fällen bleibt sie willkürlich. Sozial privilegieren sich Gruppen selbst zu Qualifikationen und entsteht Kompetenz aus dem Geist der Willkür. Ontologisch müsste es Strukturen der Welt geben, die von Gruppen so abgebildet werden wie sie sind. Jeder bisherige Anspruch auf eine solche Abbildung ist jedoch daran gescheitert, dass die Kriterien der Abbildung nicht aufgezeigt wurden und dass nicht erkennbar ist, inwiefern sie aufgezeigt werden können.

Hinsichtlich des Verständnisses von Natur gilt dasselbe, wenn beansprucht wird, über ein untrügliches Wissen über die Natur der

Natur zu verfügen. Daraus kann beispielsweise gefolgert werden, dass es eine Natur gibt, die tätig hervorbringend und tätig zerstörend ist, über die wir jedoch lediglich Vermutungen besitzen. So folgt, dass allein schwache Positionen existieren. Sowohl das *Wir* als Rechte Verleihendes als auch die *Natur* als Rechtsfundament bleiben der Beliebigkeit und Willkür von Annahmen ausgesetzt. Angesichts dieser Situation ist es verständlich, wenn den schwachen Positionen eine starke Position entgegengesetzt wird. Die starke Position beansprucht eine Verbindung des *Wir* mit der *Natur*. Sie will die beiden Chancen eines wahrheitsfähigen Wir und einer natürlichen Ordnung zu einer einzigen Chance verbinden, welche lautet:

Menschen verleihen den Tieren dasjenige Recht auf Freiheit, welches die Natur den Tieren mitgab.

Die starke Position mag als Ideal von Gesellschaften gelten, deren Eigenkorrekturbedarf nur diejenigen Einstellungen und Verhaltensweisen betrifft, welche die starke Position bestreiten und zwischen die Übereinstimmung zwischen Bild und Wirklichkeit den Zweifel setzen. Es handelt sich um einen metaphysischen Dogmatismus, der als solcher theoretisch bliebe, wäre er nicht von privaten Religionsorganisationen für ganze Kulturen durchgesetzt worden, wenngleich in entgegengesetzter Richtung als mit dem Ziel der Fauna-Entnutzung. Man vergleiche dazu die Wende vom Veganismus zum Karnivorismus in Genesis 1.29 und 9.2–6.

Da das Problem der lediglich schwachen präskriptiven Begründungen jedoch für den Status aller Rechte gilt, besteht zugleich die begründete Erwartung, dass auch die Entnutzung der gesamten Fauna sich grundsätzlich zu einem Kreislauf normbestimmter Legitimität fügt, welche Staat und Gesetze im Akzeptanzmodus rotieren lässt.

10. Die zwei Probleme der praktischen Umsetzbarkeit

Entnutzung der Fauna verlangt, dass keine Viehzucht mehr betrieben werden darf mit der Folge, dass es am Ende nur noch wild lebende Tiere geben wird. Dies führt zu zwei Fragen, deren Beantwortung voneinander organisatorisch unabhängig ist: 1. Wie ist der Wildnisraum für die Tiere zu organisieren? 2. Wie soll mit den riesigen Mengen von Schlachttieren umgegangen werden?

Erstens, die *Organisation des Wildtierraums*: Bisher haben die Menschen sich damit abgefunden, dass es außer ihnen auch noch frei lebende Tiere gibt, auch wenn zum Beispiel der in Europa heimische Löwe längst ausgerottet wurde. Die Menschen haben die Erdoberfläche offenbar als Einheit von anthropogenem Lebensraum und anthropogenem Lebenstraum verstanden, in welchem es um nichts als um Menschen-Freiheit geht. Die Gegenwart von Tieren ist dabei, wenn nicht bedrohlich, so doch lästig. Diese unsäglich anmaßende Einstellung müsste ersetzt werden durch die Ansicht: Menschen und Tiere haben sich die Erdoberfläche als gemeinsamen Lebensraum zu teilen. Doch auch diese Haltung ist nicht das Ziel. Nicht die Menschen gewähren den Tieren Raum. Vielmehr haben sie sich selbst als das zu verstehen, was sie nicht länger sein sollten: Eindringlinge in den unvorstellbar älteren animalischen Lebensraum. Einer der bedeutsamsten Dichter hat dafür passend kritische Worte gefunden:

> *wir*
> *sind eigentlich mehr Usurpatoren, Tyrannen, und, schlimmer noch,*
> *wir sind die Furcht der Tiere und schlachten sie*
> *in ihrem legitimen Wohnbereich und an ihrem natürlichen Ort, wo*
> *sie als Kinder aufwachsen*
> *(William Shakespeare, As You Like It 2.2.60–63).*

> *We*
> *Are mere usurpers, tyrants, and what's worse,*
> *To fright the animals and to kill them up*
> *In their assign'd and native dwelling-place.*

Wir dürfen weder die Tiere ausrotten noch ihnen Wildnis als jederzeit einziehbaren Besitz lediglich gewähren. Der Lebensraum der nur noch in Malaysia und Indonesien lebenden Orang-Utans zum

Beispiel wird daher zunehmend Opfer der Investitionen in Palmöl-pflanzen. Nicht die Tiere sollten unsere Gäste sein, sondern wir soll-ten uns als Gäste der Tiere betrachten. Sie erlauben uns Lebens-räume. Die Tiere sind die primären Erdbewohner. Daraus ergeben sich drei Forderungen. Erstens, die Menschen haben den Tieren so viel freien Lebensraum zu geben wie möglich. Zweitens, sofern eine Doppelnutzung von Raum durch Tiere und Menschen nicht vermie-den werden kann, so darf dadurch keine Schädigung der Fauna ent-stehen. Drittens darf es keine Exklusiväume für Menschen, wohl aber für Tiere geben. Diese drei Forderungen werden dann erfüllbar, wenn sich bei den Menschen ein Einstellungswandel vollzieht, der aufhört, die Tiere als Störfaktoren oder als notgedrungene Mitbe-wohner anzusehen.

Zweites Problem: *Wie umgehen mit den Massen von Schlachttie-ren?* Ein Ende der Viehzüchtung löst das Problem nicht. Vorgeschla-gen seien zwei Maßnahmen, teils eine Bereitstellung von mehr Gna-denhöfen, teils eine Letztschlachtung, jedoch nicht von Jungtieren. Letztschlachtung scheint angesichts begrenzter Kapazitäten von Gnadenhöfen am Ende unumgänglich. Um das Tierleid zu mildern, sollten dabei den Tieren eine gewisse erwachsene Lebensdauer ge-währt und die Schlachtung von Jungtieren strikt vermieden werden.

In einer Eventgesellschaft könnte die finale Schlachtung als his-torische Zäsur öffentlich beworben werden. Jedem Konsumenten sollte – zum Beispiel durch passende Etikettierung – deutlich sein: Dieses Schnitzel, diese Bratwurst, diese Salami, dieser Parmesan, dieses Flasche Milch gehört zu den historisch letzten Tiernahrungs-produkten, ebenso diese Lederbekleidung oder diese Ledermöbel. Es könnte und sollte ein kollektiver Wille nicht zu einem traurigen Ver-zicht, sondern zu einer bejahten kollektiven Irreversibilität verhal-tensverstärkungswirksam inszeniert werden.

Da Haustiere von der Quälung ausgenommen sind, kann die Ab-schaffung der Haustierhaltung allmählich erfolgen und langfristig als ein Beiprodukt des veränderten Verhältnisses des Menschen zum Tier geschehen.

11. Ausblick

Noch einmal zurück zu jenem menschenverursachten Ende der Bedingungen der Möglichkeit für ein Menschenleben auf diesem Planeten, zum Beispiel dem CO^2-Ausstoß mit Ozeanversauerung und Klimaerwärmung als seinen Folgen, dem Verstrahlungsrisiko infolge der sicheren Unsicherheit ziviler Nukleartechnik oder dem Infarktrisiko der Infrastruktur infolge von zur Überwachung nötiger Sicherheitslücken im Netz: Was kann eine Entnutzung der Fauna zu einem Umsteuern in einer derartig gefährlichen Gesamtsituation beitragen? Auf den ersten und zweiten Blick wirkt diese Frage lächerlich. Denn erstens gibt es bislang keine Entnutzung, und zweitens betrifft sie, falls sie jemals begonnen würde, nicht diese vier Risikobereiche.

Erst ein weiterer Blick könnte für Nachdenklichkeit sorgen. Wir haben längst das postantibiotische Zeitalter betreten, auch wenn es medial noch in der Latenz gehalten wird. Man stirbt bereits an zunächst harmlos wirkenden Entzündungen. Die Keime haben gelernt, den Antibiotika zu widerstehen. Die artwidrige Platzmangelhaltung der Schlachttiere verlangt jedoch den Einsatz von Antibiotika und bewirkt damit das Resistentwerden der Keime gegen die Behandlung mit Antibiotika. Experten haben seit langem vor der antibiotischen Hilflosigkeit gewarnt. Ein manifest postantibiotisches Dasein wird nicht nur viele Menschenopfer fordern; es wird die artwidrige Platzmangelhaltung der Schlachttiere schlagartig unmöglich werden lassen und damit die Fleischwirtschaft zum Erliegen bringen. Damit wird das Tor zu einer Zwangsentnutzung der Fauna aufgestoßen. Es ist Hoffnungsgegenstand, dass dies lediglich einen Entdeckungszusammenhang für den oben dargelegten Begründungszusammenhang der Entnutzung und ihrer Praxis bilden wird. Und die anderen Risiken? Es ist nicht ausgeschlossen, dass ein sozialer Analogiedruck entsteht. Praktizierte Entnutzung der Fauna bildet einen derartig großen kollektiven Lernschritt, dass analoge Lernschritte in die genannten Richtungen weniger unwahrscheinlich erscheinen als ohne den ersten Schritt. Dies ist sicherlich nur ein schwacher Trost. Doch das Adjektiv *schwach* nimmt keinem Trost seinen tröstlichen Zug.

Die bisherigen Bemühungen um Tierrechte haben eine Sensibilisierung der Öffentlichkeit für die Belange der Tiere erbracht. Das wird ihr Verdienst bleiben. Solange der stille Pakt zwischen Tierrechten und menschlicher Tiernutzung jedoch nicht gekündigt und durch das entnutzende Freiheitsrecht der Tiere ersetzt wird, solange fehlt den Tierrechten das übergeordnete Ziel.

Literatur

Ball, T. (1996). Power. In R. E. Goodin & P. Pettit (Hrsg.), *A Companion to Contemporary Political Philosophy*. Oxford: Blackwell, 548–557.

Descartes, R. (1967). *Oeuvres philosophiques*, Tome 2. Hrsg. von F. Alquié. Paris: Garnier [teilweise Lateinisch/Französisch].

Eckart, W. U., & Luhe, A. von der (2007). Artikel Tier. In *Historisches Wörterbuch der Philosophie*. Basel: Schwabe, 1205–1217.

Euripides (2016). *Die Troerinnen*. Übersetzt und hrsg. von K. Steinmann. Stuttgart: Reclam [Griechisch/Deutsch].

Hirt, A., Maisack, C., & Moritz, J. (2016). *Tierschutzgesetz. Kommentar* (3. Aufl.). München: Vahlen.

Leondarakis, L. (2006). *Menschenrecht „Tierschutz". Die Verletzung von Menschenrechen durch die Verletzung von Belangen von Tieren*. Baden-Baden: Nomos.

Morus, T. (1518/2012). *Utopia*. Übers. Von G. Ritter. Stuttgart: Reclam [Lateinisch/Deutsch].

Spinoza (2009). *Ethices*. Hrsg. von G. Gentile & G. Durante. Milano: Bompiani [Lateinisch/Italienisch].

Strategien der Fleischwirtschaft für dauerhafte Tierausbeutung. *Vegan.EU*, Beitrag vom 02.09.2017.

Steiner, G. (2005). *Anthropocentrism and Its Discontents. The Moral Status of Animals in the History of Western Philosophy*. Pittsburgh, PA: University of Pittsburgh Press [umfassende philosophische Darstellung des Tier-Mensch-Bezuges von der Antike bis in moderne Debatten].

Taureck, B. H. F. (1992). *Ethikkrise, Krisenethik. Analysen, Texte, Modelle*. Reinbek: Rowohlt.

Taureck, B. H. F. (2009a). *Die Antworten der Philosophen. Ein Lexikon*. München: Fink.

Taureck, B. H. F. (2009b). La provocation des singes. *Le Portique. Revue de philosophie et des sciences humaines 23–24*. Strasbourg: Animalités.

Taureck, B. H. F. (2015). *Manifest des Veganen Humanismus*. Paderborn: Fink.

Taureck, B. H. F. (2017). Plädoyer für einen veganen Humanismus. *Journal des Forschungsinstituts für Philosophie Hannover 29*.

Texte zur Tierethik (2008). Hrsg. von U. Wolf. Stuttgart: Reclam [dokumentiert die meisten derzeit vertretenen tierrechtlichen Vorstellungen].

Zur Person

Bernhard H. F. Taureck, Philosophieprofessor an der TU Braunschweig i. R., Verfasser von 30 Büchern, zahlreichen Aufsätzen und Hörfunkessays. Zuletzt erschien bei Fink 2015 sein *Manifest des Veganen Humanismus*. Im Dezember 2017 erscheint von ihm: *HAMLET. Widerstand gegen den Überwachungsstaat. Eine intertextuelle Deutung*. Weilerswist: Velbrück Wissenschaft.

Korrespondenzadresse

Prof. Dr. Bernhard Taureck
Auf der Hill 2
56859 Alf
E-Mail: bhftau@web.de

TIERethik
9. Jahrgang 2017/2
Heft 15, S. 41–55

Helmut F. Kaplan

Was sind Tierrechte?

Zur notwendigen Weiterentwicklung des Tierrechtsbegriffs

Zusammenfassung

Tierrechte sind ein zentraler Begriff der Tierethik. Dennoch gibt es bis jetzt kein Einvernehmen darüber, was unter Tierrechten konkret zu verstehen ist. Wie bei Menschenrechten liegt es auch bei Tierrechten auf der Hand, dass eine rein theoretische, nicht praxisbezogene Befassung mit Tierrechten unzureichend und unbefriedigend wäre. Vor dem Hintergrund der kritischen Auseinandersetzung mit vorhandenen Tierrechtskonzepten wird ein nachvollziehbarer und praktikabler Tierrechtsbegriff entwickelt und vorgeschlagen.

Schlüsselwörter: Menschenrechte, Tierrechte, Konkretisierung des Tierrechtsbegriffs, praktikabler Tierrechtsbegriff

What are animal rights?

On the necessary evolution of the definition of animal rights

Summary

The term "animal rights" is central to the field of animal ethics. However, there is no agreement to date on a clear definition of what

animal rights are. As with human rights, it is clear that addressing animal rights purely theoretically without relation to practice would be inadequate and unsatisfactory. Based on the critical discussion of existing animal rights concepts, a comprehensible and practicable understanding of the term animal rights is developed and proposed.

Keywords: human rights, animal rights, definition of the term animal rights, practicable animal rights term

1. Status quo und Begriffsbestimmung

Voraussetzung für die *Verwirklichung* von Tierrechten ist, dass man zuerst einmal einen *Begriff* von Tierrechten hat, und zwar einen nachvollziehbaren und praktikablen Begriff von Tierrechten. Das war bis jetzt nicht der Fall. Es gab lediglich so etwas wie in verschiedene theoretische Kontexte eingebettete Rohfassungen des Tierrechtsbegriffs. In meinem Buch *Tierrechte: Wider den Speziesismus* (Kaplan 2016) habe ich einen meines Erachtens nachvollziehbaren und praktikablen basalen Tierrechtsbegriff erarbeitet, der hier später vorgestellt werden soll.

Zuerst aber: Was ist unter Tierrechten grundsätzlich, generell zu verstehen? Hier empfiehlt sich die Anknüpfung an ein aktuelles Missverständnis: Im Zusammenhang mit „artgerechter" oder „biologischer" Tierhaltung und diversen „Tierwohl"-Siegeln werden Tierrechte immer öfter im Sinne der diesbezüglichen gesetzlichen Bestimmungen verstanden. Mit anderen Worten: Es erfolgt eine tendenzielle Gleichsetzung von Tierrechten und den Tierschutzgesetzen bzw. den einschlägigen Bestimmungen. Der Tierrechtsbegriff, um den es hier geht, ist hingegen, wie der Menschenrechtsbegriff, primär philosophischer Natur. Und er steht, wenn man ihn befürwortet, wie der Menschenrechtsbegriff, auch für eine bestimmte Weltanschauung und das entsprechende basale bzw. prinzipielle moralisch-politische Engagement.

Wie gesagt, ein nachvollziehbarer und praktikabler Tierrechtsbegriff existierte bisher nicht. Aber Peter Singer (1996, 2013), Tom Regan (1984), Gary L. Francione (2013, 2014) sowie Sue Donaldson und Will Kymlicka (2013, 2014) haben im Rahmen ihrer theoretischen Ansätze Tierrechte thematisiert. Im Zuge der Auseinandersetzung mit diesen Theorien habe ich Bedingungen formuliert, die ein praktikabler Tierrechtsbegriff meines Erachtens optimalerweise erfüllen sollte. Ich nenne diese Bedingungen im Folgenden „wünschenswerte Strukturmerkmale". Anhand dieser bzw. der korrespondierenden Defizite werde ich schließlich auch den von mir vorgeschlagenen Tierrechtsbegriff weiter veranschaulichen und konkretisieren.

2. Wünschenswerte Strukturmerkmale von Tierrechtskonzepten

1) Philosophische Tierrechtskonzepte sollten auch durchgängig auf philosophischer Ebene formuliert werden, damit sie mit anderen philosophischen Tierrechtskonzepten verglichen können. Dieser Forderung wird nur unzureichend Rechnung getragen, wenn zentrale Begriffe einer Theorie nichtphilosophischer Natur sind. Das ist tendenziell beim Ansatz Gary L. Franciones der Fall, dessen zentraler Eigentumsbegriff eher auf der politischen Ebene angesiedelt ist – wodurch die Vergleichbarkeit mit anderen, „rein philosophischen" Tierrechtskonzepten erschwert wird. Dieses Theoriedefizit könnte wie folgt formuliert werden: mangelnde philosophische Vergleichsmöglichkeit aufgrund politischer Ebene.

2) Philosophische Tierrechtskonzepte sollten eine gewisse Konfliktlösungspotenz haben, weil Konfliktlösen zum „moralischen Tagesgeschäft" gehört. Weisen Theorien nur ein moralisch relevantes Merkmal bzw. Kriterium auf, wird es diesbezüglich schwierig, weil dann keine Vorrangregeln bzw. Ansätze zum Konfliktlösen zur Verfügung stehen. Ich habe dieses methodische Manko, das in der Praxis permanent zu ausweglosen Situationen oder zu absurden Konsequenzen führt, als „moralische Flatrate" bezeichnet. Auch dieses Defizit weist Franciones Ansatz auf: Er operiert nur mit einem moralisch relevanten Merkmal bzw. Kriterium: Eigentum bzw. Empfindungsfähigkeit. (Den Interessenabwägungen „innerhalb der Empfindungsfähigkeit" wird nicht getraut, weil sie durch den Eigentumsstatus der Tiere oder unseren selbstverständlichen Glauben an die Legitimität ihrer Nutzung dominiert bzw. verfälscht würden.)

Eine eindeutige, stringente Wiedergabe von Franciones Ansatz scheitert daran, dass seine eigenen Ausführungen vage und widersprüchlich sind (vgl. Kaplan 2016, 160ff.). Deshalb sei als negatives Musterbeispiel für das „Flatrate"-Defizit auf Albert Schweitzers (o.J.) bekannte Forderung nach „Ehrfurcht vor dem Leben" verwiesen: Wenn man vor *allem* Leben (bei Schweitzer inklusive Pflanzen!) die *gleiche* Ehrfurcht haben soll, weiß man selten, wie man handeln soll – weil man meist zwischen verschiedenen „Lebensverletzungen" wählen muss. Dieses Theoriedefizit könnte wie folgt formuliert werden: Konfliktlösungsimpotenz aufgrund „moralischer Flatrate".

3) Philosophische Tierrechtskonzepte sollten ein gewisses Potenzial dahingehend haben, Menschen von der Wichtigkeit und Notwendigkeit von Tierrechten zu überzeugen. Schließlich verfolgen Singer, Regan, Francione, Donaldson und Kymlicka bei der Entwicklung von Tierrechtskonzepten „eingestandenermaßen" und offensichtlich den Zweck, für die Tierrechtsidee zu werben. Überzeugungspotenzial besteht aber nur auf der *moralischen* Ebene, nicht auf der politischen. Nun legen aber Donaldson und Kymlicka in ihrem Buch *Zoopolis* ein ausdrücklich *politisches* Konzept von Tierrechten vor. Unter anderem fordern sie für domestizierte Tiere *Mitbürgerstatus*. Menschen, die von der Notwendigkeit von Tierrechten bereits überzeugt sind, werden den Ausführungen und Forderungen von Donaldson und Kymlicka vermutlich sofort zustimmen, aber kaum jemand, für den Tierrechte „Neuland" sind oder der Tierrechte gar ablehnt. Warum?

Weil ich *auf der moralischen Ebene* beispielsweise etwa so argumentieren kann: Das Gleichheitsprinzip, dass man Gleiches bzw. Ähnliches auch gleich bzw. ähnlich bewerten und behandeln soll, erkennst du doch an. Gleiche Leistungen sollen gleich belohnt werden, gleiche Vergehen gleich bestraft werden usw. Wenn man nun dieses Gleichheitsprinzip auf unseren Umgang mit Tieren anwendet, erkennt man rasch, dass wir hier meilenweit davon entfernt sind, tierliche Interessen *gleich* zu berücksichtigen wie vergleichbare menschliche Interessen. Und so weiter. Mit etwas Geschick mag es

mir auf diese Weise gelingen, mein Gegenüber dafür zu sensibilisieren, dass etwa unsere Gewohnheit, Fleisch zu essen, moralisch
falsch, weil mit dem Gleichheitsprinzip unvereinbar ist. Völlig chan-
cenlos wäre ich hingegen, wenn ich mit Donaldson und Kymlicka
sagte: Du darfst kein Schnitzel mehr essen, weil Schweine unsere
neuen Mitbürger sind! Damit kann ich nicht überzeugen, weil hier,
jedenfalls beim Thematisieren eines konkreten Verhaltens, die un-
verzichtbaren moralischen Zwischen- bzw. Überzeugungsschritte
fehlen. Dieses Theoriedefizit könnte wie folgt formuliert werden:
mangelnde moralische Überzeugungsmöglichkeit aufgrund politischer Ebene.

4) Philosophische Tierrechtskonzepte sollten nach Möglichkeit
keine vertragstheoretischen Elemente enthalten. Die Vertragstheo-
rie, wonach nur Rechte haben kann, wer auch entsprechende Pflichten eingehen und erfüllen kann, erweist sich ja schon im menschlichen Bereich als höchst problematisch: Da das wichtigste Motiv, ein
solches stillschweigendes bzw. vorgestelltes Vertragsverhältnis zum
wechselseitigen Vorteil (nach dem Motto „Tust du mir nichts, tu ich
dir nichts") einzugehen, der Eigennutz ist, hätten, wie Peter Singer
(2013, 120ff.) erläutert, beispielsweise seinerzeit die weißen Skla-
venhändler keinen Grund gehabt, ihre Opfer besser zu behandeln, als
sie es tatsächlich taten, und wir keinen Grund, uns in ökologischen
Fragen solidarisch mit unseren Nachkommen zu zeigen, weil weder
(die völlig unterlegenen) Sklaven noch künftige Generationen die
Möglichkeit hatten bzw. haben, sich für unser Wohlverhalten er-
kenntlich zu zeigen oder sich wegen unserer Schandtaten an uns zu
rächen. Auch kleinen Kindern und geistig Behinderten fehlen offenkundig die Voraussetzungen, um an einer solchen „Ethik der Gegen-
seitigkeit" teilzunehmen. Und um Tiere aus der Ethik zu verbannen,
waren vertragstheoretische Ansätze seit jeher ein bewährtes Instru-
ment. Es erscheint daher problematisch und kontraproduktiv, ein historisch wie sachlich solchermaßen belastetes Element ausgerechnet
in einen Tierrechtsansatz zu integrieren. Genau das tun aber Donaldson und Kymlicka (2014, 561f.) mit ihrem Hinweis, dass es nicht
ungebührlich sei, von tierlichen Mitbürgern einen Beitrag (in Form

tierlicher Arbeitsleistungen und Produkte) zu verlangen. Dieses Theoriedefizit könnte wie folgt formuliert werden: unnötige Angriffsfläche aufgrund vertragstheoretischer Elemente.

5) Philosophische Tierrechtskonzepte sollten nach Möglichkeit keine utilitaristischen Elemente enthalten. Utilitaristische Erwägungen führen nämlich leicht zu speziesistischen oder gar zu absurden Konsequenzen. So ist es zum Beispiel durchaus möglich, dass die Summe des Vergnügens, das *Tausende* von Zuschauern eines Stierkampfes haben, größer ist als das Leiden eines *einzigen* Stieres. Auch könnte die Summe des Vergnügens, das *viele* Besucher eines Bierzeltes beim Verzehr *eines* Ochsen am Spieß haben, größer sein als das Leid, das diesem Tier hierfür zugefügt worden ist. (Diese Absurdität des Utilitarismus verdeutlicht Vittorio Hösle, 1997, 155, durch den Hinweis, dass auch die Schlachtung eines Kindes moralisch geboten sein könnte, wenn sich nur genügend Personen an dessen Fleisch erfreuten.) Bei Peter Singers Philosophie springen die Schwierigkeiten, die sein Utilitarismus mit sich bringt, geradezu ins Auge (vgl. Kaplan 2016, 170): Der Utilitarismus verdunkelt das zentrale und äußerst fruchtbare Gleichheitsprinzip; ja, zuweilen kann man sich des Eindrucks nicht erwehren, dass Singers Utilitarismus sein Gleichheitsprinzip regelrecht vernichtet. Polemisch gesagt, zieht der Utilitarismus in Singers Philosophie eine Spur der Verwüstung nach sich, vor allem in der Diskussion um Tierversuche – Tierrechts-intern Singers größte „Baustelle" – und Euthanasie. Das entsprechende Theoriedefizit könnte wie folgt formuliert werden: unnötige Angriffsfläche aufgrund utilitaristischer Elemente.

6) Philosophische Tierrechtskonzepte sollten nach Möglichkeit nicht zu kompliziert sein. Trotz aller Utilitarismus-bedingten Verwirrungen und Probleme in Singers Theorie ist Tom Regans Ansatz noch wesentlich „philosophischer" bzw. komplizierter. Dies mag damit zusammenhängen, dass bei Regan Themen und Aspekte zur Sprache kommen, die für die gesamte Tierrechtsphilosophie relevant sind und neue, interessante Perspektiven eröffnen. Das gilt insbesondere für das Thema Tod. Aber aufgrund seiner Kompliziertheit trifft wahrscheinlich auch auf Regans Theorie zu, was wir schon an Do-

naldson und Kymlicka kritisiert hatten: Menschen, die von der Notwendigkeit von Tierrechten bereits überzeugt sind, werden den Ausführungen und Forderungen vermutlich sofort zustimmen, aber kaum jemand, für den Tierrechte „Neuland" sind oder der Tierrechte gar ablehnt. Das entsprechende Theoriedefizit könnte wie folgt formuliert werden: mangelnde moralische Überzeugungsmöglichkeit aufgrund komplizierter Theorie.

7) Philosophische Tierrechtskonzepte sollten nach Möglichkeit keine metaphysischen Elemente enthalten. Regan wird etwa häufig (vgl. Wolf 2012, 49f.) vorgeworfen, dass sein zentraler Begriff des inhärenten Wertes metaphysischer Natur sei bzw. in diese Richtung tendiere und daher nur schwer vermittelbar sei. Dieses Theoriedefizit könnte wie folgt formuliert werden: mangelnde moralische Überzeugungsmöglichkeit aufgrund metaphysischer Elemente.

3. Prinzipielle Probleme bei Tierrechtsbegriffen auf kantischer Grundlage

Bevor wir unseren Tierrechtsbegriff entwickeln, soll noch auf grundsätzliche Probleme bei Tierrechtskonzepten auf kantischer Grundlage hingewiesen werden.

Seit einiger Zeit treten nämlich im Zusammenhang mit Tierrechten immer öfter Kants Name und Philosophie in Erscheinung. Das verheißt aus Tierrechtsperspektive betrachtet, also aus der Sicht derer, die Tierrechte befürworten und befördern wollen, nichts Gutes: Erstens ist Kants Theorie geradezu ein Paradebeispiel für eine schwer verständliche – und vielfältigst interpretierbare! – Philosophie. Zweitens argumentiert Kant bekanntermaßen ausdrücklich *gegen* Tierrechte: Gegenüber Tieren hätten wir (vgl. Wolf 2012, 42f.) lediglich *indirekte* Pflichten.

Beides prädestiniert Kant nicht gerade dafür, die Basis für einen Tierrechtsbegriff zu liefern. Polemisch könnte man sagen, Kant als Grundlage für Tierrechte zu wählen, ergibt als *handwerkliche Herausforderung* durchaus Sinn, etwa nach dem Motto: Ich kann *sogar Kant* in Richtung Tierrechte biegen! Aber sachlich, methodisch und strategisch erscheint das Vorhaben, Tierrechte auf eine kantische

Basis zu stellen, eher als exotisches Unterfangen. Noch einmal polemisch: Mit Kant für Tierrechte zu argumentieren, gleicht dem Vorhaben, statt mit einem neuen großen Pinsel eine Wand anzustrei-
chen, dafür eine alte Zahnbürste zu nehmen: Hinbekommen wird
man es vielleicht irgendwie, aber mit Riesenaufwand und ruinösem
Ergebnis.

Wer das für übertrieben hält, lese Christine Korsgaards (2014)
Aufsatz „Mit Tieren interagieren: Ein kantianischer Ansatz": „philosophisch" im Sinne von Fußnoten-gesättigt; für philosophische
Laien, also für fast alle Menschen, absolut unverständlich und daher
völlig ungeeignet, „normale Menschen" für die Sinnhaftigkeit von
Tierrechten zu sensibilisieren, geschweige denn, von ihrer Notwendigkeit zu überzeugen. Tierrechte so zu begründen, kommt *im Ergebnis* (in der Wahrnehmung von Nichtphilosophen) dem Beweis
gleich, dass Tierrechte *nicht* begründet werden können. Damit soll
das „handwerkliche Verdienst", selbst der im Hinblick auf Tiere völlig verunglückten kantischen Philosophie „Tierrechtstöne zu entlo-
cken", nicht gemindert werden. Ursula Wolf (2012) gelingt übrigens
eine gut nachvollziehbare Erläuterung der Unstimmigkeiten in Bezug auf Tiere in Kants Philosophie. Sie veranschaulicht etwa das
Spannungsverhältnis zwischen Kants (privater) Tierliebe und den
theoretischen Erfordernissen seiner Philosophie (39–44) und zeigt,
wie sich die Grundprobleme und -widersprüche in Kants Philosophie
auch in den Theorien seiner Nachfolger Habermas und Korsgaard
niederschlagen (44–47).

Schließlich sei noch auf einen quasi vulgär-kantischen Tierrechtsbegriff verwiesen, der insbesondere im Kielwasser von Donald-
sons und Kymlickas Buch *Zoopolis* in der Tages- und Wochen-
presse öfter Erwähnung findet. Unter Hinweis auf Kant heißt es
dann, Tiere müssten als Zwecke an sich betrachtet werden, und das
entspreche dann irgendwie den Rechten, die es nun auch für Tiere
einzufordern gelte. Wie man sich das genauer vorzustellen habe, er-
schließt sich aus den Artikeln nicht – nur, dass irgendwie alles son-
nenklar sei und auf dem „großen Kant" beruhe. Ohne Martin Balluch
für diesen diffusen Tierrechtsbegriff verantwortlich machen zu wol-

len, seien im Folgenden zwei Zitate von ihm angeführt, die veranschaulichen sollen, wovon die Rede ist: In *Kant revisited: Die beste Begründung für Tierrechte* schreibt Balluch (2014a) etwa (vgl. auch Balluch 2014b, 174):

> „Da alle Wesen mit Bewusstsein im Reich der Zwecke partizipieren und zumindest im passiven Sinn Zwecke verfolgen, für die der Anspruch gilt, dass sie als gleichwertig gut an sich anzuerkennen sind, müssen alle Wesen mit Bewusstsein als Zwecke an sich anerkannt werden, nicht nur die Menschen, wie bei Kant. Das bedeutet, dass es moralische Pflichten gegenüber allen Wesen mit Bewusstsein gibt und dass der kategorische Imperativ lautet, alle Wesen mit Bewusstsein niemals nur als Mittel zum Zweck, sondern immer auch als Zweck an sich zu respektieren."

Und in *Warum das Argument für Autonomie so wichtig ist!* (Balluch 2014c) heißt es: „Erst wenn die Autonomie der Tiere anerkannt ist, folgt – mit Kant –, dass sie nicht als Mittel zu noch so humanen Zwecken auf noch so humane Weise missbraucht werden dürfen!"

Wenn alle Wesen mit Bewusstsein auch ein Zweck an sich sind, haben wir es mit einer typischen Flatrate-Theorie mit den oben erwähnten Nachteilen zu tun! (Nebenbei bemerkt: Bei Regan, der bekanntlich schon – salopp formuliert – „Kant auf Tiere umgelegt hat", ist sinngemäß auch vom Zweck-an-sich-Status der Tiere die Rede, aber nicht in Bezug auf alle Tiere mit Bewusstsein, sondern nur in Bezug auf die Tiere, die inhärenten Wert, also Selbstbewusstsein, haben.)

„Kant", „Zweck an sich", „Autonomie" (dazu kommen wir gleich noch) – das klingt alles gut, bringt aber im Endeffekt wenig, vor allem, weil dieses Konzept – Stichwort: Flatrate – viel zu unspezifisch ist. Hinzu kommt, dass es meist quasi „noch allgemeiner als nötig" verstanden und verwendet wird, nämlich im Sinne von: Tiere dürfen nicht als Mittel zum Zweck betrachtet und behandelt werden. Aber das ist unsinnig – weil wir ja auch *Menschen* ununterbrochen als Mittel für unsere Zwecke verwenden! Jeder Angestellte ist Mittel für die Zwecke seines Vorgesetzten. Und wenn wir die Dienste eines Handwerkers in Anspruch nehmen, ist der auch Mittel für unsere Zwecke. Entscheidend ist natürlich, worauf auch Korsgaard (2014,

283) ausdrücklich hinweist, dass wir Menschen nicht *nur* als Mittel sehen und behandeln dürfen.

Schließlich noch eine Bemerkung zum Autonomiebegriff in diesem Zusammenhang: Es stellt sich die Frage, welchen Vorteil dieser historisch bzw. philosophisch so überfrachtete und empirisch so schwer fassbare Begriff gegenüber dem vergleichsweise einfachen und verständlichen Interessenbegriff hat.

4. Ein nachvollziehbarer, praktikabler Tierrechtsbegriff

Der im Folgenden vorgeschlagene Tierrechtsbegriff basiert auf dem von Peter Singer formulierten Gleichheitsprinzip (vgl. auch Singer 2008): Kein vernünftiger Mensch behauptet, dass Menschen und Tiere in einem faktischen Sinne gleich seien. Menschen und Tiere haben – wie auch die Menschen untereinander – unterschiedliche *Interessen*. Deshalb wäre es auch völlig verfehlt, Menschen und Tiere gleich zu *behandeln*, denn unterschiedliche Interessen rechtfertigen und erfordern eine unterschiedliche Behandlung. So brauchen etwa Hunde und Katzen im Unterschied zu Menschen keine Religionsfreiheit und kein Wahlrecht – weil sie damit nichts anfangen können. Und Männer brauchen im Unterschied zu Frauen keinen Schwangerschaftsurlaub – weil sie nicht schwanger werden können.

Was das Gleichheitsprinzip fordert, ist schlicht dies: *Wo* Menschen und Tiere gleiche bzw. ähnliche Interessen haben, da sollen wir diese gleichen bzw. ähnlichen Interessen auch *gleich berücksichtigen*:

- Weil alle Menschen ein Interesse an angemessener Nahrung und Unterkunft haben, sollen wir dieses Interesse auch bei allen Menschen gleich berücksichtigen – und dürfen nicht willkürliche Diskriminierungen aufgrund von Rasse oder Geschlecht vornehmen: also kein *Rassismus* und *Sexismus*.

- Und weil sowohl Menschen als auch Tiere ein immenses Interesse haben, nicht zu leiden, sollen wir dieses Interesse bei Menschen und Tieren auch gleich berücksichtigen – und dürfen nicht willkürliche Diskriminierungen aufgrund der Spezies vornehmen: also kein *Speziesismus*.

Wir sagten: Gleiche bzw. ähnliche Interessen von Menschen und Tieren sollen gleich berücksichtigt werden. Anders formuliert: Tiere haben das *Recht*, das im Folgenden ihre Interessen gleich berücksichtigt werden wie vergleichbare menschliche Interessen. Tierrechte sind dann die Summe der Ansprüche, die sich aus dieser gleichen Berücksichtigung ergeben. Der entscheidende Satz, der diesen Tierrechtsbegriff charakterisiert, lautet also:

Tiere haben das *Recht*, dass ihre Interessen gleich berücksichtigt werden wie vergleichbare menschliche Interessen.

Das heißt zum Beispiel ganz konkret:

– Ich schlage ein Kind und ein Pferd jeweils so, dass es dem Kind und dem Pferd den gleichen Schmerz verursacht. (Dafür muss ich natürlich das Pferd entsprechend stärker schlagen.) Wenn ich das verursachte gleiche Schmerzerlebnis dem Kind nicht zumuten würde, darf ich es auch dem Pferd nicht zumuten. Das Pferd hat das *Recht*, nicht auf diese Weise behandelt zu werden.

– Ich sperre einen Menschen und ein Tier jeweils auf eine Weise ein, die beiden das gleiche Leiden aufgrund von Enge und Eingesperrt sein verursacht. (Dafür muss ich mich natürlich über die Lebensgewohnheiten und Bedürfnisse des betroffenen Tieres kundig machen, um ein ähnliches Leidensniveau zu gewährleisten.) Wenn ich das verursachte Leiden aufgrund von Enge dem Menschen nicht zumuten würde, darf ich es auch dem Tier nicht zumuten. Das Tier hat das *Recht*, nicht auf diese Weise behandelt zu werden.

– Ich versetzte einen Menschen und ein Tier jeweils in eine Situation, die beiden das gleiche Ausmaß an Angst verursacht. (Dafür muss ich mich natürlich über die Lebensgewohnheiten und Bedürfnisse des betroffenen Tieres kundig machen, um ein ähnliches Leidensniveau zu gewährleisten.) Wenn ich die verursachte Angst dem Menschen nicht zumuten würde, darf ich sie auch dem Tier nicht zumuten. Das Tier hat das *Recht*, nicht auf diese Weise behandelt zu werden. Viele (psychologische) Tierversuche sind im Übrigen *von vornherein* so angelegt, dass eine möglichst große Ähnlichkeit zwischen menschlicher und tierlicher Situation gewährleistet sein soll, weil ihr Zweck gerade darin besteht, anhand der Tiere Methoden oder Medikamente für Menschen zu entwickeln, die bei den betreffenden Problemen, z.B. Ängsten oder Schmerzen, optimal helfen. Man kann sich also schlecht darauf hinausreden, ein Vergleich zwischen Menschen und Tieren sei halt leider kaum möglich, weshalb auch dieses Rechtskonzept bedauerlicherweise an der Praxis scheitere.

Schließlich sei darauf hingewiesen (vgl. Kaplan 2016, 110f.), dass das Gleichheitsprinzip entsprechend seiner „inneren Logik" nicht nur impliziert, dass gleiche Interessen gleich berücksichtigt werden sollen, sondern auch, dass größere Interessen eine größere Rolle spielen, kleinere Interessen eine kleinere Rolle spielen sollen und vor allem größere Interessen nicht kleineren Interessen geopfert werden dürfen.

Dieses Tierrechtskonzept ist nun mit *keinem* der möglichen Theoriedefizite, die wir oben identifiziert haben, behaftet:

Ad 1) Mangelnde philosophische Vergleichsmöglichkeit aufgrund politischer Ebene: Mit unserem Tierrechtskonzept bleiben wir immer auf der philosophischen Ebene, so dass die Vergleichsmöglichkeit mit anderen philosophischen Tierrechtskonzepten stets gegeben ist.

Ad 2) Konfliktlösungsimpotenz aufgrund „moralischer Flatrate": Bei unserem Tierrechtsbegriff ist sogar quasi das Gegenteil einer Konfliktlösungsimpotenz verwirklicht: eine *maximale Konfliktlösungskompetenz:* Das Gleichheitsprinzip ermöglicht ein feinstufiges moralisches Handeln gemäß der faktisch involvierten Interessen der Beteiligten.

Ad 3) Mangelnde moralische Überzeugungsmöglichkeit aufgrund politischer Ebene: Bei unserem Tierrechtsbegriff verlassen wir die moralische Ebene überhaupt nie, sodass dieser mögliche Kritikpunkt von vornherein entfällt.

Ad 4) Unnötige Angriffsfläche aufgrund vertragstheoretischer Elemente: Unser auf dem Gleichheitsprinzip beruhendes Tierrechtskonzept enthält keinerlei vertragstheoretischen Elemente.

Ad 5) Unnötige Angriffsfläche aufgrund utilitaristischer Elemente: Unser Gleichheits-basierter Tierrechtsbegriff ist vollkommen „Utilitarismus-bereinigt".

Ad 6) Mangelnde moralische Überzeugungsmöglichkeit aufgrund komplizierter Theorie: Der Vorwurf der Kompliziertheit geht bei unserem Tierrechtskonzept augenscheinlich ins Leere: Die „Theorie" bzw. der „Theoriekern" besteht praktisch aus der denkbar einfachen Forderung: Gleiches bzw. Ähnliches soll auch gleich bzw. ähnlich bewertet und behandelt werden.

Ad 7) Mangelnde moralische Überzeugungsmöglichkeit aufgrund metaphysischer Elemente: Unsere Forderung, Gleiches bzw. Ähnliches auch gleich bzw. ähnlich zu bewerten und zu behandeln, ist als allgemein akzeptiertes Prinzip in gewisser Weise geradezu das Gegenteil von „metaphysisch".

Der größte Vorteil dieses Tierrechtskonzepts ist aber vielleicht: Bei allen anderen Konzepten stellt sich an der Schwelle zum moralischen Handeln die Frage: Aber was bedeutet diese Theorie nun konkret? Bei Singer beginnt etwa jetzt, nimmt man seinen Utilitarismus ernst, das große Rechnen: Welche positiven und negativen Folgen hat zum Beispiel das Fleischessen für alle Betroffenen? Bei Regan stellt sich vielleicht angesichts eines Huhnes die Frage, ob diese denn überhaupt einen inhärenten Wert habe. Und bei Flatrate-Konzepten wie Franciones Ansatz sind, wie wir gesehen haben, Praxisprobleme sowieso vorprogrammiert. Am konkretesten sagen uns vermutlich noch Donaldson und Kymlicka, wie wir handeln sollen – allerdings um den Preis, dass ihr Konzept von vornherein „kaum verkäuflich" erscheint. Unsere Forderung, tierliche Interessen gleich zu berücksichtigen wie vergleichbare menschliche Interessen, erweist sich hingegen etwa bei Fleischessen, Pelztragen oder Tierversuchen praktisch augenblicklich als nicht erfüllt.

Literatur und Internetquellen

Balluch, M. (2014a). *Kant revisited. Die beste Begründung für Tierrechte.* URL: http://www.martinballuch.com/kant-revisited-die-beste-begruen dung-fuer-tierrechte/; Zugriffsdatum: 11.10.2017.

Balluch, M. (2014b). *Der Hund und sein Philosoph.* Wien: Promedia.

Balluch, M. (2014c). *Warum das Argument für Autonomie so wichtig ist!* URL: http://www.martinballuch.com/warum-das-argument-fuer-auton omie-so-wichtig-ist/; Zugriffsdatum: 11.10.2017.

Donaldson, S., & Kymlicka, W. (2013). *Zoopolis. Eine politische Theorie der Tierrechte.* Berlin: Suhrkamp.

Donaldson, S., & Kymlicka, W. (2014). Von der Polis zur Zoopolis. Eine politische Theorie der Tierrechte. In F. Schmitz (Hrsg.), *Tierethik. Grundlagentexte.* Berlin: Suhrkamp, 548–583.

Francione, G. L. (2013). Xenotransplantationen und Tierrechte. In U. Wolf (Hrsg.), *Texte zur Tierethik.* Stuttgart: Reclam, 282–288.

Francione, G. L. (2014). Empfindungsfähigkeit, ernst genommen. In F. Schmitz (Hrsg.), *Tierethik. Grundlagentexte.* Berlin: Suhrkamp, 153–175.

Hösle, V. (1997). *Moral und Politik. Grundlagen einer Politischen Ethik für das 21. Jahrhundert.* München: C. H. Beck.

Kaplan, H. F. (2016). *Tierrechte. Wider den Speziesismus.* Norderstedt: Books on Demand.

Korsgaard, C. (2014). Mit Tieren interagieren. Ein kantianischer Ansatz. In: F. Schmitz (Hrsg.), *Tierethik. Grundlagentexte.* Berlin: Suhrkamp, 243–286.

Regan, T. (1984). *The Case for Animal Rights.* London: Routledge & Kegan Paul.

Schweitzer, A. (o.J.). *Gesammelte Werke in fünf Bänden.* München: C. H. Beck.

Singer, P. (1996). *Animal Liberation. Die Befreiung der Tiere.* Reinbek: Rowohlt.

Singer, P. (2008). The Rights Of Animals. *Newsweek,* 19.11.2008.

Singer, P. (2013). *Praktische Ethik.* Stuttgart: Reclam.

Wolf, U. (2012). *Ethik der Mensch-Tier-Beziehung.* Frankfurt a.M.: Klostermann.

Zur Person

Dr. Helmut F. Kaplan ist Philosoph und Autor und war Berater mehrerer Tierrechtsorganisationen. Seine Bücher, Aufsätze, Artikel und öffentlichen Auftritte haben wesentlich zur Einführung der Tierrechtsphilosophie in den deutschen Sprachraum beigetragen. Sein Buch *Leichenschmaus – Ethische Gründe für eine vegetarische Ernährung* (Rowohlt 1993) gilt als wichtigstes deutschsprachiges Tierrechtsbuch und wurde unter anderem ins Japanische übersetzt.

Korrespondenzadresse

E-Mail: helmut_kaplan@yahoo.de

TIERethik
9. Jahrgang 2017/2
Heft 15, S. 56–85

Andreas Rüttimann, Vanessa Gerritsen &
Charlotte Blattner

Zulässigkeit von Beschränkungen des Handels mit tierquälerisch hergestellten Pelzprodukten

Zusammenfassung

Die üblichen Pelzgewinnungsmethoden stellen nach Maßstab des Schweizer Rechts klare Tierquälereien dar. Dennoch hat der Import von Pelzwaren in die Schweiz in den vergangenen Jahren wieder stark zugenommen. Auch die 2013 in Kraft getretene Pelzdeklarationsverordnung vermochte diesen Anstieg nicht aufzuhalten. Um zu verhindern, dass die Schweiz durch eine inländische Nachfrage tierquälerische Pelzproduktionsformen im Ausland fördert, sind daher griffigere Maßnahmen notwendig. In Betracht kommt hierfür insbesondere ein Verbot des Imports und Inverkehrbringens tierquälerisch erzeugter Pelzprodukte.

Aus rechtlicher Sicht stellt sich jedoch die Frage, ob ein solches Verbot mit den internationalen Handelsverpflichtungen der Schweiz vereinbar wäre. Tatsächlich verstieße dieses zwar gegen verschiedene Bestimmungen sowohl des Allgemeinen Zoll- und Handelsabkommens (GATT) als auch mehrerer bilateraler Abkommen, die die Schweiz mit der EU und Drittstaaten geschlossen hat. Sämtliche dieser Abkommen sehen jedoch Ausnahmen vor für Maßnahmen, die zum Schutz der öffentlichen Sittlichkeit oder des Lebens und der Gesundheit von Tieren erforderlich sind. Da der Tierschutz in der Schweiz eine lange Tradition genießt und in der Gesellschaft stark verankert ist, laufen tierquälerische Formen der Pelzproduktion den Moralvorstellungen der Schweizer Bevölkerung klar zuwider. Dass der Schutz von Tieren Bestandteil der öffentlichen Sittlichkeit ist, wurde auch von der höchsten Rechtsprechungs-Instanz der Welthandelsorganisation (WTO) ausdrücklich anerkannt.

Weil selbst eine optimal ausgestaltete und umgesetzte Deklarationspflicht nicht verhindern könnte, dass die Schweiz weiterhin tierquälerisch gewonnene Pelzerzeugnisse einführt und damit entsprechende Herstellungsmethoden fördert, lässt sich die öffentliche Sittlichkeit der Schweizer Bevölkerung hinsichtlich des Wohlergehens der zur Pelzproduktion verwendeten Tiere nur durch ein Verbot des Imports und Inverkehrbringens entsprechender Erzeugnisse angemessen schützen. Dasselbe gilt nach hier vertretener Meinung in Bezug auf das Leben und die Gesundheit von Tieren im Sinne der erwähnten Abkommen.

Ein Verbot des Imports und Inverkehrbringens wäre folglich sowohl mit dem GATT als auch mit sämtlichen weiteren anwendbaren multi- und bilateralen Abkommen, die die Schweiz abgeschlossen hat, vereinbar. Die internationalen Handelsverpflichtungen der Schweiz würden durch eine solche Maßnahme somit nicht verletzt.

Schlüsselwörter: Pelz, Importverbot, Handelsbeschränkungen, GATT, WTO

The permissibility of restrictions on the trade in fur products obtained by cruelty to animals

Summary

The standard fur production methods clearly constitute animal cruelty under Swiss law. Nevertheless, there has been a significant increase in imports of fur products into Switzerland over the past few years. Even the Fur Declaration Ordinance, which came into force in 2013, could not detain this increase. To prevent Switzerland from supporting cruel fur production methods in foreign countries with its domestic demand, more effective measures will, therefore, be necessary. One option would be to place a general ban on the import and the placing on the market of fur products obtained by animal cruelty.

However, the question arises whether such a measure would be in accordance with Switzerland's international obligations. It would, in fact, be in breach of certain provisions of the General Agreement on Tariffs and Trade GATT and a number of bilateral agreements with the EU or third countries. All of these treaties, however, include exceptions for measures deemed necessary for the protection of public morals or the life and health of animals. Because animal welfare has a long-standing tradition in Switzerland and is deeply anchored in society, cruel fur production methods clearly contradict the moral principles of the Swiss people. Even the highest judicial body of the WTO (World Trade Organization) expressly acknowledged that animal welfare is an integral part of public morals.

Even an ideally drafted and implemented declaration obligation would not impede the import of fur products obtained by cruelty to animals into Switzerland and thus prevent the promotion of said products. Swiss public morals regarding the wellbeing of fur-bearing animals can therefore only be adequately protected by a ban on the import and the placing on the market of fur products obtained by animal cruelty. According to the view represented here, such a step could also be justified as a measure to protect the life and health of animals.

The measures to be examined here would therefore be in compliance with the GATT and all other applicable multilateral and bilateral agreements between Switzerland and other countries. A ban on the import and the placing on the market of fur products obtained by cruelty to animals would thus not violate Switzerland's international trade obligations.

Keywords: fur, import ban, trade restrictions, GATT, WTO

1. Ausgangslage

Nachdem insbesondere Aufklärungskampagnen von Tierschutzorganisationen dafür gesorgt hatten, dass Pelzprodukte[1] lange Zeit in weiten Teilen der westlichen Gesellschaft als verpönt galten, sind Erzeugnisse aus Tierfellen seit einigen Jahren weltweit wieder auf dem Vormarsch. Obwohl die üblichen Pelzgewinnungsmethoden gemessen am Schweizer Tierschutzstandard nach wie vor als tierquälerisch bezeichnet werden müssen, haben die Importzahlen auch hierzulande wieder stark zugenommen.[2] Auch die 2013 in Kraft getretene Pelzdeklarationsverordnung vermochte den Anstieg der Importzahlen nicht zu stoppen. Um zu verhindern, dass die Schweiz durch eine entsprechende inländische Nachfrage Pelzproduktionsformen fördert, die von der überwiegenden Mehrheit der Schweizer Bevölkerung aus ethischen Gründen abgelehnt werden,[3] ist daher die Ergreifung griffigerer Maßnahmen geboten. In Betracht kommt hierfür insbesondere ein Verbot des Imports und Inverkehrbringens tierquälerisch erzeugter Pelzprodukte.

---

1 Im vorliegenden Beitrag werden die Begriffe „Pelzprodukte", „Pelzerzeugnisse", „Pelzwaren" etc. synonym verwendet. Sie umfassen sowohl unverarbeitete Tierfelle als auch Produkte, die aus Tierfellen hergestellt sind bzw. Tierfell enthalten.

2 Gemäß der Datenbank Swiss-Impex der Eidgenössischen Zollverwaltung betrug die Einfuhrmenge im Jahr 2011 331'259 kg, im Jahr 2012 389'761 kg, im Jahr 2013 369'136 kg, im Jahr 2014 431'237 kg, im Jahr 2015 422'557 kg und im Jahr 2016 452'035 kg. Zu beachten ist jedoch, dass sich diese Zahlen nur auf ganze Pelzmäntel und zur Weiterverarbeitung importierte Felle beziehen, während etwa Pelzbesätze an Mänteln, Stiefeln und Mützen von der Statistik nicht erfasst werden.

3 Vgl. etwa die entsprechende Umfrage von „20 Minuten online" vom 31.01.2017, die zeigt, dass von den über 35.000 Teilnehmern 79 Prozent das Tragen von Pelzprodukten prinzipiell ablehnen (20 Minuten online 2017), oder die repräsentative telefonische Umfrage des Marktforschungsinstituts INTEGRAL vom März 2015 im Auftrag von „Vier Pfoten Schweiz", gemäß derer 82 Prozent der Befragten das Halten und Töten von Tieren zur Gewinnung von Pelz für die Modeindustrie für nicht vertretbar halten und 88 Prozent zudem ein Importverbot für Pelzprodukte, deren Herstellungsweise nicht dem Schweizer Tierschutzstandard entspricht, befürworten (INTEGRAL 2015).

Von verschiedener Seite werden jedoch regelmäßig Zweifel vorgebracht, ob eine solche Maßnahme mit den verschiedenen multi- und bilateralen Handelsabkommen, die die Schweiz abgeschlossen hat, in Einklang stehe. Nachfolgend soll daher geklärt werden, ob ein Verbot des Imports und des Inverkehrbringens tierquälerisch erzeugter Pelzprodukte mit den internationalen Verpflichtungen der Schweiz vereinbar wäre und wie ein solches konkret ausgestaltet und umgesetzt werden könnte.[4]

Anmerkung: Der vorliegende Artikel bezieht sich auf die Rechtssituation in der Schweiz. Analog kann der Argumentationsaufbau aber auch auf die Verhältnisse in anderen Staaten wie Deutschland oder Österreich übertragen werden.

2. Problem Pelzproduktion

2.1 Pelztierzucht

Die gängigen Formen der Pelzgewinnung werden aus Tierschutzkreisen schon seit Jahrzehnten regelmäßig scharf kritisiert. Dennoch werden jährlich weltweit über 100 Millionen Tiere für die Herstellung von Pelzprodukten getötet.[5] Etwa 80 bis 85 Prozent der gehandelten Felle werden von Tieren gewonnen, die speziell zu diesem

---

4 Beim vorliegenden Beitrag handelt es sich um eine gekürzte Fassung des gleichnamigen ausführlichen Gutachtens derselben Autoren. Dieses wiederum basiert teilweise auf der 2011 von Dr. Nils Stohner und Dr. Gieri Bolliger veröffentlichten Analyse über die GATT-rechtliche Zulässigkeit von Importverboten für Pelzprodukte (Stohner & Bolliger 2011). Beide Gutachten sind bei der Stiftung für das Tier im Recht (TIR) erhältlich (www.tierim recht.org). Im Folgenden kann aus Platzgründen nur auf die wichtigsten Ergebnisse eingegangen werden.

5 Gemäß den Angaben des in Brüssel ansässigen Branchenlobbyingverbands Fur Europe wurden 2015 in Europa 45.7 Mio. Felle produziert (Fur Europe 2016, 50). Weitere 75.1 Millionen Pelze wurden im gleichen Jahr in China erzeugt (vgl. China Leather Industry Association 2015). Hinzu kommen Russland, die USA und Kanada als bedeutende Pelzproduktionsländer. Zu beachten ist, dass die von Behörden und Industrie veröffentlichten Zahlen etwa bezüglich gehaltener Tiere, produzierter Felle und gehandelter Ware teilweise erheblich variieren.

Zweck gezüchtet und gehalten werden. Die restlichen 15 bis 20 Prozent stammen aus der Jagd (International Fur Federation).

Die am häufigsten für die Pelzproduktion gezüchteten Tiere sind Nerze, Marderhunde, Füchse und Chinchillas. So wurden 2015 alleine in europäischen Zuchtbetrieben über 42 Millionen Nerze und beinahe drei Millionen Füchse für die Pelzgewinnung getötet (Fur Europe 2016, 50). Marderhunde werden vor allem in China in großer Zahl gezüchtet (vgl. China Leather Industry Association 2016, 1f.). Bezüglich Raumangebot, Käfigausstattung, Sozialleben und Beschäftigungsmöglichkeiten der Tiere sind die Haltungsbedingungen überall – soweit solche Pelztierzuchten überhaupt zugelassen sind – etwa dieselben. Entgegen einer weitverbreiteten Annahme haben sich diese in den letzten Jahrzehnten kaum verändert. So weist ein Standardkäfig für Nerze nach wie vor eine Grundfläche von 0,25 bis 0,27 m^2 (SCAHAW 2001, 54; vgl. auch National Farm Animal Care Council 2013b, 10) und einer für Füchse eine solche von 0,8 bis 1,2 m^2 (SCAHAW 2001, 47; vgl. auch National Farm Animal Care Council 2013a, 9) auf, wobei auf diesen Flächen zum Teil mehrere Tiere gehalten werden. Die Käfige bestehen aus Gründen der Arbeitsersparnis aus Drahtgitter, was bei den Tieren zu erheblichen Verletzungen insbesondere an den Pfoten führen kann. Gelegenheiten zum Graben, Baden und Klettern werden den Tieren vorenthalten, obwohl das Graben von Bauten zu den Hauptbeschäftigungen von Füchsen zählt und Schwimmen und Tauchen charakteristische Aspekte des Lebensstils von Nerzen bilden (Purtscher 2000, 3f., 30).

In den Zuchtbetrieben leben bis zu mehrere Tausend Tiere auf engstem Raum zusammen. Unter solchen Bedingungen können sie sich dem ständigen Kontakt zu ihren Artgenossen nicht entziehen. Vor allem die „olfaktorische Bedrängnis" ist für die mit einem hoch entwickelten Geruchssinn ausgestatteten Nerze und Füchse schwer erträglich, weil die Tiere dieser Reizüberflutung in keiner Weise ausweichen können. So kommt es bei in Pelztierzuchtbetrieben gehaltenen Tieren denn auch häufig zu massiven Verhaltensstörungen. Zu beobachten sind etwa Bewegungsstereotypien (wie etwa das Drehen des Kopfes, das Kreisen im Käfig oder das Hochspringen an der Gitterwand), aber auch Fälle von „Fellbeißen", wobei die Tiere entweder das eigene Fell – insbesondere den eigenen Schwanz – oder dasjenige ihrer Käfiggenossen oder durch die Gitterstäbe hindurch das Fell der Nachbartiere benagen. Nicht selten kommt es in den Zuchtbetrieben gar zu Kannibalismus, indem die Muttertiere ihre eigenen Welpen totbeißen und teilweise auffressen (zum Ganzen siehe Stohner 2006, 137ff.; Purtscher 2000, 45ff.).

Zusammenfassend ist festzuhalten, dass Tieren in Pelztierzuchten das Ausleben grundlegendster Bedürfnisse in der Regel gänzlich verunmöglicht wird. Nerze und Füchse verfügen über keinerlei Bewegungs-, geschweige denn über Schwimm- oder Grabmöglichkeiten. Die Tiere sind auf engstem Raum ohne Rückzugsmöglichkeiten einer ständigen Reizüberflutung ausgesetzt und können die meisten Aspekte ihres natürlichen Verhaltensrepertoires, so etwa Beutefang- und Paarungsverhalten, um nur zwei daraus zu nennen, nicht ausleben. Die üblichen Haltungsformen sind aus ethischer Sicht daher schlicht inakzeptabel. Zu dieser Einschätzung gelangen im Übrigen nicht „nur" Tierschützer, sondern auch zahlreiche Fachleute aus anderen Bereichen.[6]

Aufgrund der Kritik aus der Öffentlichkeit ist die Pelzindustrie intensiv um Imagepflege bemüht. Vor einigen Jahren wurde deshalb das Programm „WelFur" ins Leben gerufen (Fur Europe). WelFur wird von der Branche als ein wissenschaftsbasiertes Beurteilungsprogramm für das Wohlergehen von Nerzen und Füchsen beschrieben. Anhand teilweise komplizierter Berechnungen werden verschiedene Aspekte wie Bewegungsfreiheit, Ernährung, Gesundheit und Wärmeregulation beleuchtet (vgl. Fur Europe 2015a, 27ff.; Fur Europe 2015b, 27ff.). Die Branche strebt an, bis zum Jahr 2020 alle rund 4.000 europäischen Nerz- und Fuchsfarmbetriebe gemäß der

---

6   So haben sich beispielsweise bereits 2002 siebzig führende Persönlichkeiten aus den Fachbereichen Ethik, Philosophie und Theologie aus vierzehn verschiedenen Ländern in einer gemeinsamen Erklärung für ein vollständiges Verbot der Pelztierzucht ausgesprochen, weil diese unter moralischen Gesichtspunkten nicht tolerierbar sei (Linzey 2002).

WelFur-Kriterien zertifiziert zu haben (Fur Europe 2017). Ein umfassender und detaillierter wissenschaftlicher Bericht im Auftrag der englischen Tierschutzorganisation „Respect for Animals" (Pickett & Harris 2015) übt indessen scharfe Kritik an den WelFur-Protokollen. Einer der Hauptkritikpunkte ist die starke Orientierung der WelFur-Kriterien an den hochgradig limitierten Rahmenbedingungen einer wirtschaftlich tragbaren Farmhaltung von Pelztieren: Die ethologischen Bedürfnisse der Tiere werden innerhalb dieser Gegebenheiten lediglich „bestmöglich" berücksichtigt. Aus Sicht des Tierschutzes ist dies völlig unzureichend – und auch den Anforderungen der Schweizer Tierschutzgesetzgebung vermag dieser Standard in keiner Weise zu genügen.

2.2 Pelztierjagd

Rund 90 Prozent der weltweit für die Pelzproduktion gejagten Tiere – in erster Linie Nerze und Füchse – werden mit Hilfe von Fallen gefangen (Bolliger 2000, 325). Zum Einsatz kommen dabei vor allem Schlingen- und Totschlagfallen und sogenannte Tellereisen (vgl. etwa FACE 2013/2014a; FACE 2013/2014b; Government of Manitoba 2016/2017).

Bei Schlingenfallen verfangen sich die Tiere in Draht- oder Kunststoffschlingen, die sich umso fester zuziehen, je mehr daran gezerrt wird, und so den Erstickungstod beziehungsweise schwere Beinverletzungen verursachen (Bolliger 2000, 326). Demgegenüber sollen Totschlagfallen ein Tier augenblicklich durch Genickbruch töten. Aufgrund der Größenunterschiede der Opfer werden diese vom Bügel aber an unterschiedlichen Körperstellen getroffen, weshalb der Tod nur bei einem geringen Anteil der betroffenen Tiere unmittelbar eintritt (Stohner 2006, 153f.).

Sehr verbreitet ist nach wie vor die Jagd mit Tellereisen (vgl. etwa Government of Saskatchewan, 2). Als solche werden Fallensysteme zum Festhalten von Tieren durch Bügel bezeichnet, die über einem oder mehreren Läufen eines Tieres zuschnappen und so verhindern, dass sich dieses befreien kann. Das Zusammenschnellen der Bügel verursacht in der Regel Knochen- und Gelenkbrüche, Muskel- und Sehnenrisse sowie schmerzhafte Quetschungen, nicht aber den Tod der betroffenen Tiere. Weil die Größe der mit Fallen versehenen

Gebiete eine häufige Kontrolle verunmöglicht, müssen die Tiere oftmals mehrere Tage, unter großen Qualen und der Witterung schutzlos ausgesetzt, in der Falle gefangen ausharren, bis sie vom Fallensteller endlich getötet werden (Bolliger 2000, 334f.; Balluch 2015, 281; Purtscher 2000, 77).

2.3 Bewertung nach Schweizer Tierschutz- und Jagdrecht

Die gängigen Methoden sowohl der Pelztierzucht als auch der Jagd auf Pelztiere erfüllen nach Maßstab der Schweizer Tierschutzgesetzgebung in mehrfacher Hinsicht den Tatbestand der Tierquälerei (Art. 26 Tierschutzgesetz [TSchG][7]). Die in Zuchtbetrieben gehaltenen Tiere werden vollständig instrumentalisiert und an der Befriedigung ihrer grundlegendsten Bedürfnisse gehindert. Jene Tiere, die mittels Jagd der Natur entnommen werden, erleiden vielfach schwerste Verletzungen und sterben oftmals qualvoll. Die Fallenjagd stellt darüber hinaus nach Schweizer Recht auch einen schweren Verstoß gegen die Jagdgesetzgebung dar. Die üblichen Pelzgewinnungsformen laufen dem in der Schweiz vorherrschenden Verständnis von Tierschutz und weidgerechter Jagd somit klar zuwider. Zudem stoßen sie bei der Schweizer Bevölkerung auf breite Ablehnung, wie Umfragen zeigen.[8] Um solche Praktiken nicht auch noch durch eine inländische Nachfrage zu fördern, sind dringend Maßnahmen zu ergreifen, mit denen der Absatz entsprechender Produkte in der Schweiz unterbunden werden kann.

3. Unzureichende Pelzdeklarationsverordnung

Als Reaktion auf die für einen Großteil der Schweizer Bevölkerung in ethischer Hinsicht inakzeptablen Praktiken der Pelzproduktion wurde 2013 die Pelzdeklarationsverordnung[9] in Kraft gesetzt. Diese verpflichtet sämtliche Anbieter von Pelzerzeugnissen, die Kunden mittels eines am Produkt angebrachten Etiketts über die Tierart, von

---

7 Tierschutzgesetz vom 16.12.2005 (SR 455).
8 Siehe FN 3.
9 Verordnung über die Deklaration von Pelzen und Pelzprodukten vom 07.12.2012 (SR 944.022).

der das Fell stammt, die Herkunft des Tieres und die Art der Haltung des Tieres bzw. der Jagdmethode, mit der dieses getötet wurde, zu informieren. Um den Händlern genügend Zeit zu geben, die erforderlichen Anpassungen vorzunehmen, wurde eine Übergangsfrist von einem Jahr festgelegt (Art. 14). Somit sind sämtliche in der Schweiz zum Kauf angebotenen Pelzprodukte seit dem 1. März 2014 mit den verlangten Angaben zu versehen.

Ziel der Pelzdeklarationsverordnung ist es, dem Konsumenten von Pelzwaren Klarheit über die Haltungsform, die Herkunft sowie die Tierart zu verschaffen (BLV 2012, 1). Hierdurch wurde eine deutliche Senkung der Verkaufszahlen erwartet (vgl. Amtliches Bulletin des Ständerats 2011, 49ff.). Die Verordnung enthält jedoch verschiedene Vorschriften, die die angestrebte Transparenz für den Konsumenten stark einschränken und somit den Bemühungen, ihm eine bewusste Kaufentscheidung zu ermöglichen, zuwiderlaufen. Dies gilt insbesondere für Art. 5 Abs. 2 lit. b. Die in diesem geforderten Angaben zur Gewinnung des Fells sind in verschiedener Hinsicht nicht ausreichend klar. Die Bezeichnungen „Herdenhaltung", „Rudelhaltung", „Käfighaltung mit Naturböden" oder „Käfighaltung mit Gitterböden" dürften für die meisten Konsumenten nur schwer einzuordnen sein. Insbesondere lässt sich für den durchschnittlichen Käufer aus diesen Begriffen kaum ableiten, ob die Bedingungen, unter denen die Tiere gehalten wurden, aus Tierschutzsicht akzeptabel bzw. nach Schweizer Standards zulässig waren. Überdies belegen die vom zuständigen Bundesamt für Lebensmittelsicherheit und Veterinärwesen (BLV) durchgeführten Kontrollen, dass bei der Umsetzung der Deklarationspflicht erhebliche Defizite bestehen (BLV 2014, 5; BLV 2015, 2). Ein weiteres Problem liegt darin, dass die Kundschaft vom Verkaufspersonal häufig durch falsche Auskünfte zum Kauf animiert wird.

Gesamthaft ist festzuhalten, dass es den Konsumenten auch vier Jahre nach Inkrafttreten der Pelzdeklarationsverordnung bzw. drei Jahre nach Ablauf der Übergangsbestimmung kaum möglich ist, sich zuverlässig über die zum Verkauf angebotenen Pelzprodukte zu informieren und eine bewusste, fundierte Kaufentscheidung zu treffen. Darüber hinaus ist die Befürchtung nicht von der Hand zu weisen, dass die Deklarationsverordnung durch die wenig eindeutigen Informationen eher einen gewissensberuhigenden Effekt erzielt und ihrem eigentlichen Zweck damit zuwiderläuft. So zeigen denn auch die Importstatistiken, dass die Menge der eingeführten Pelzerzeugnisse seit Inkrafttreten der Deklarationsverordnung nicht gesunken ist – vielmehr war im vergangenen Jahr sogar der höchste Wert seit über 20 Jahren zu verzeichnen.[10]

Die mit der Pelzdeklarationsverordnung verfolgten Ziele sind also klar verfehlt worden. Diese vermag den Tierschutzanliegen des überwiegenden Teils der Bevölkerung in Bezug auf Pelzprodukte somit offensichtlich nicht angemessen Rechnung zu tragen. Folgerichtig hat der Ständerat im Dezember 2014 ein Postulat von Ständeräten Pascale Bruderer Wyss (SP/AG) angenommen, dass den Bundesrat verpflichtet, alternative Maßnahmen zu prüfen, mit denen der Einfuhr und dem Verkauf von Pelzerzeugnissen entgegengewirkt werden kann.

4. Vereinbarkeit eines Verbots des Imports und Inverkehrbringens tierquälerisch erzeugter Pelzprodukte mit den handelsrechtlichen Verpflichtungen der Schweiz

4.1 GATT

Wie erwähnt, werden im Rahmen von Diskussionen um Import- und Handelsrestriktionen von Pelz- und anderen tierischen Produkten regelmäßig Bedenken hinsichtlich deren Vereinbarkeit mit den internationalen Handelsverpflichtungen der Schweiz geäußert. In erster Linie werden dabei die Bestimmungen des WTO-Rechts, insbesondere jene des GATT[11], als mögliches Hindernis für entsprechende Maßnahmen genannt.

Die WTO ist verantwortlich für die Aushandlung und Einhaltung zahlreicher internationaler Handelsabkommen. Das GATT gilt dabei

---

10 Siehe FN 2.
11 General Agreement on Tariffs and Trade (Allgemeines Zoll- und Handelsabkommen), Anhang 1A.1 zum WTO-Übereinkommen, abgeschlossen in Marrakesch am 15.04.1994, in Kraft getreten für die Schweiz am 01.07.1995 (SR 0.632.20).

als wichtigstes Übereinkommen. Der Zweck des GATT liegt haupt-sächlich im Abbau von Zolltarifen und anderen Handelsschranken sowie in der Beseitigung von Diskriminierungen im internationalen Handel.[12] Dabei liegen dem Übereinkommen im Wesentlichen drei Prinzipien zugrunde: das Meistbegünstigungsprinzip, das besagt, dass Handelsvorteile, die einem Mitgliedstaat gewährt werden, auch auf alle übrigen Mitgliedstaaten auszudehnen sind; das Prinzip der Inländerbehandlung, das die Benachteiligung ausländischer Güter gegenüber gleichwertigen inländischen Gütern verbietet; und der Grundsatz des Verbots mengenmäßiger Beschränkungen bei Impor-ten oder Exporten.

Tatsächlich würde ein Verbot des Imports und Inverkehrbringens tierquälerisch hergestellter Pelzerzeugnisse sowohl gegen das Meist-begünstigungsprinzip als auch gegen das Prinzip der Inländerbehand-lung sowie möglicherweise auch gegen den Grundsatz des Verbots mengenmäßiger Beschränkungen verstoßen. Allerdings sieht das GATT auch verschiedene Ausnahmen von diesen Prinzipien vor. Im vorliegenden Zusammenhang von Bedeutung sind dabei insbesondere Art. XX lit. a GATT, der Handelsrestriktionen zulässt, soweit diese notwendig sind, um die öffentliche Sittlichkeit („public morals")[13] zu schützen, und Art. XX lit. b GATT, der Staaten die Ergreifung han-delsbeschränkender Maßnahmen gestattet, wenn diese zum Schutz des Lebens oder der Gesundheit von Personen und Tieren oder zur Erhaltung des Pflanzenwuchses erforderlich sind.

4.1.1 Art. XX lit. a GATT

a) Wegweisender WTO-Entscheid: EC – Seal Products

Die Streitschlichtungsgremien der WTO hatten sich vor vier bzw. drei Jahren mit dem von der EU erlassenen Verbot des Inverkehr-bringens von Robbenprodukten zu befassen. Da die entsprechenden Entscheide wichtige Erkenntnisse bezüglich der Anwendbarkeit von

---

12 Vgl. Präambel des GATT.
13 Die deutsche Übersetzung des GATT spricht von „öffentlicher Moral". Die Begriffe „öffentliche Sittlichkeit" und „öffentliche Moral" werden im vorlie-genden Beitrag synonym verwendet.

Art. XX lit. a GATT auf Import- bzw. Handelsverbote für tierquäle-risch hergestellte Produkte liefern, sollen diese in der Folge näher betrachtet werden:

Am 16. September 2009 erließ die EU eine Regelung – bestehend aus einer sogenannten Basisverordnung[14] und einer Ausführungs-verordnung[15] –, die das Inverkehrbringen von Robbenerzeugnissen im europäischen Binnenmarkt für unzulässig erklärte, sofern das Produkt nicht aus der Jagd von Inuit oder anderen indigenen Völkern stammte oder nicht im Rahmen einer erwiesenermaßen nicht ge-winnorientierten, nachhaltigen Bewirtschaftung der Meeresressour-cen erfolgte. Ebenfalls erlaubt war die gelegentliche Einfuhr von Robbenerzeugnissen, die lediglich zum persönlichen Gebrauch von Reisenden und ihrer Familie erfolgte. Ziel des Erlasses war einerseits die Beseitigung von Handelshemmnissen im Bereich des Binnen-markts in Bezug auf Robbenprodukte. Diese waren dadurch entstan-den, dass verschiedene Mitgliedstaaten als Reaktion auf Tierschutz-bedenken seitens der Bevölkerung in Bezug auf die Robbenjagd na-tionale Maßnahmen zur Regelung des Handels mit Robbenproduk-ten erlassen hatten. Anderseits wurde von der EU jedoch auch die tierschützerische Motivation der Verordnung hervorgehoben bzw. die Intention, die öffentliche Moral hinsichtlich der oftmals äußerst brutalen Tötung der Robben zu schützen.[16]

In der Folge gelangten insbesondere Kanada und Norwegen als bedeutende Produzenten von Robbenerzeugnissen an die WTO und verlangten die Einsetzung eines sogenannten Panels[17] zur Klärung des Rechtsstreits. Nach ihrer Auffassung verletzte die entsprechende Gesetzgebung der EU in mehrfacher Hinsicht WTO-Recht, indem

---

14 Verordnung (EG) Nr. 1007/2009 des europäischen Parlaments und des Rates vom 16. September 2009 über den Handel mit Robbenerzeugnissen.
15 Verordnung (EU) Nr. 737/2010 der Kommission vom 10.08.2010 mit Durch-führungsvorschriften zur Verordnung (EG) Nr. 1007/2009 des Europäischen Parlaments und des Rates über den Handel mit Robbenerzeugnissen.
16 Vgl. Vorbemerkung Nr. 5ff. der Basisverordnung.
17 Die Panels sind die ersten Instanzen bei WTO-rechtlichen Streitigkeiten.

sie gegen verschiedene Bestimmungen sowohl des Übereinkommens über technische Handelshemmnisse (TBT)[18] als auch des GATT sowie gegen das Landwirtschaftsabkommen der WTO[19] verstieß. Am 25. November 2013 veröffentlichte das WTO-Panel seinen abschließenden Bericht in der Angelegenheit „EC – Seal Products". Darin kam es unter anderem zu dem Schluss, dass gewisse Inhalte der EU-Regelung gegen verschiedene Bestimmungen des WTO-Übereinkommens verstießen, da sie EU-Mitglieder gegenüber Nicht-EU-Staaten faktisch bevorteilten.

Das Wegweisende am Entscheid des Panels war jedoch dessen Beurteilung der möglichen Rechtfertigung der festgestellten Verstöße durch die Ausnahmebestimmung von Art. XX lit. a GATT. So gelangte das Panel zu der Auffassung, dass das primäre Ziel der EU-Regelung im Schutz der öffentlichen Sittlichkeit in Bezug auf Tierschutzerwägungen hinsichtlich der Tötung von Robben liege und dass dieses Ziel vom Anwendungsbereich von Art. XX lit. a GATT erfasst sei.[20] Damit bestätigte das Panel ausdrücklich, dass Tierschutzanliegen als Bestandteil der öffentlichen Sittlichkeit zu betrachten sind und somit grundsätzlich dazu geeignet sein können, handelsbeschränkende Maßnahmen zu legitimieren. Nach Erscheinen des Panel-Berichts wurden seitens Kanadas, Norwegens und der EU verschiedene Punkte beanstandet und an die höchste WTO-Instanz, den Appellate Body, weitergezogen. Dieser bestätigte daraufhin im Mai 2014 die Auffassung des Panels, dass das mit der EU-Regelung verfolgte Ziel – die öffentliche Sittlichkeit hinsichtlich tierschützerischer Bedenken im Zusammenhang mit der Robbenjagd

---

18 Technical Barrier on Trade Agreements (Übereinkommen über technische Handelshemmnisse), Anhang 1A.6 zum WTO-Übereinkommen, abgeschlossen in Marrakesch am 15.04.1994, in Kraft getreten für die Schweiz am 01.07.1995 (SR 0.632.20).

19 Agreement on Agriculture (Übereinkommen über die Landwirtschaft), Anhang 1A.3 zum WTO-Übereinkommen, abgeschlossen in Marrakesch am 15.04.1994, in Kraft getreten für die Schweiz am 01.07.1995 (SR 0.632.20).

20 EC – Seal Products, Panel Report N 7.630ff.

zu schützen – unter den Anwendungsbereich von Art. XX lit. a GATT zu subsumieren sei.[21]

Im Hinblick auf die Vereinbarkeit möglicher Maßnahmen zur Verhinderung der Einfuhr tierquälerisch produzierter Pelzerzeugnisse mit dem GATT lässt sich aus den Entscheiden der WTO-Gremien die bedeutende Erkenntnis ableiten, dass sich Importverbote für tierische Produkte gestützt auf Art. XX lit. a GATT rechtfertigen lassen, soweit sie erforderlich sind, um in der Gesellschaft verbreiteten Tierschutzbedenken in Bezug auf die betreffenden Erzeugnisse angemessen Rechnung zu tragen. Voraussetzung ist jedoch, dass die Maßnahme die sogenannte Chapeau-Klausel von Art. XX GATT nicht verletzt. Das bedeutet, dass bei der Ausgestaltung eines entsprechenden Verbots darauf zu achten ist, dass dieses weder zu ungerechtfertigter oder willkürlicher Diskriminierung gewisser Staaten führt noch den Verdacht des Protektionismus erweckt. Es ist daher nachfolgend zu prüfen, ob ein Verbot des Imports und Inverkehrbringens tierquälerisch erzeugter Pelzprodukte diese Anforderungen erfüllt.

b) Übliche Pelzproduktionsmethoden als Verstoß gegen die öffentliche Sittlichkeit der Schweizer Bevölkerung

Die öffentliche Sittlichkeit umfasst alle Regeln, Prinzipien und Werte in einem bestimmten sozialen Umfeld, die entweder bestimmte Handlungen oder Unterlassungen als „richtig" oder „falsch" kennzeichnen oder bestimmte Handlungen oder Unterlassungen vorschreiben.[22] Es geht dabei um grundsätzliche gesellschaftliche Wertvorstellungen. Bei der Definition der öffentlichen Sittlichkeit sowie bei der Festlegung, bis zu welchem Grad diese geschützt werden soll, verfügen die WTO-Mitglieder über einen großen Spielraum, der

---

21 EC – Seal Products, Appellate Body Report N 5.68ff.
22 EC – Seal Products, Appellate Body Report N 5.199; siehe auch Stohner 2006, 77.

es ihnen ermöglicht, den Begriff ihrem jeweiligen Wertesystem anzupassen.[23] Dass auch der Schutz von Tieren integraler Bestandteil der öffentlichen Sittlichkeit sein kann, ist nicht nur in der Lehre anerkannt (Stohner 2006, 90; Charnovitz 1998, 737; Kelch 2011 256), sondern wurde, wie oben dargestellt, im Rahmen des „EC – Seal Products"-Falls auch ausdrücklich von den WTO-Gremien bestätigt.

In der Schweizer Gesellschaft genießt der Tierschutz einen sehr hohen Stellenwert. So hat beispielsweise der Straftatbestand der Tierquälerei eine lange Tradition: Bereits 1885 waren entsprechende Handlungen in sämtlichen Schweizer Kantonen unter Strafe gestellt.

Mit der Verabschiedung des eidgenössischen Strafgesetzbuchs (StGB)[24] im Jahr 1937 wurde der Tatbestand der Tierquälerei in aArt. 264 StGB verankert und 1981 schließlich aus dem Kernstrafrecht herausgelöst und ins Tierschutzgesetz (Art. 27 aTSchG, heute Art. 26 TSchG) überführt. Darüber hinaus kommt dem Tierschutz in der Schweiz Verfassungsrang zu. Der bereits 1973 in die Bundesverfassung (BV)[25] aufgenommene Art. 80 (damals Art. 25bis aBV[26]) belegt den großen Stellenwert tierschützerischer Anliegen und erhebt deren Verwirklichung zum Staatsziel (Bolliger, Richner & Rüttimann 2011, 36f.). Weiter schützt die Schweiz in Art. 120 Abs. 2 BV (Art. 24[novies] Abs. 3 aBV) seit 1992 explizit die Würde der Kreatur, worunter auch die Tierwürde fällt.[27] 2008 wurde die Tierwürde

---

23 In diesem Sinne auch US – Gambling, Panel Report N 6.461. Siehe auch China – Publications and Audiovisual Products, Panel Report N 7.759; EC – Seal Products, Appellate Body Report N 5.199. Serpin argumentiert, dass es dem Grundsatz von Art. XX lit. a GATT widersprechen würde, wenn den Mitgliedstaaten eine international einheitliche Definition von Sittlichkeit aufgezwungen würde (Serpin 2016, 249).

24 Schweizerisches Strafgesetzbuch vom 21. Dezember 1937 (SR 311.0).

25 Bundesverfassung der Schweizerischen Eidgenossenschaft vom 18.04.1999 (SR 101).

26 Bundesverfassung der Schweizerischen Eidgenossenschaft vom 29.05.1874 (SR 101).

27 Zu Begriff und Entstehungsgeschichte des Schutzes der Tierwürde im Schweizer Recht siehe umfassend Bolliger 2016, 33ff.; Bolliger & Rüttimann 2015, 65ff.; Krepper 1998, 345ff.

zudem als Schutzobjekt auch ausdrücklich in die Tierschutzgesetzgebung aufgenommen.

Die Festschreibung in der Bundesverfassung und im Tierschutzgesetz ist ein gewichtiges, für die WTO-Streitschlichtungsgremien objektiv überprüfbares Indiz dafür, dass die Schweizer Bevölkerung der Tierwürde tatsächlich eine herausragende Bedeutung beimisst. So war auch im „EC – Seal Products"-Fall der Umstand, dass die EU in den Augen der WTO-Gremien über einen gut etablierten und umfassenden Normenkomplex im Tierschutz verfügte, ein wesentlicher Grund dafür, dass die tierschützerischen Bedenken der Bevölkerung der EU vom Panel als Angelegenheit der öffentlichen Sittlichkeit erachtet wurden.[28]

Zusammenfassend ist festzuhalten, dass Tierquälereien vor dem Hintergrund der langen Tradition ihrer Strafbarkeit, der verfassungsrechtlichen Verankerung des Tierschutzes und des Schutzes der Tierwürde sowie des faktisch sehr hohen Stellenwerts, den Tierschutzanliegen in der Schweizer Bevölkerung genießen, hierzulande klar gegen die öffentliche Sittlichkeit verstoßen (so etwa auch Krepper 1998, 411; Trüeb 2001, 432). Präzisierend ist anzumerken, dass nur qualifizierte Tierschutzwidrigkeiten, also Tierquälereien im Sinne von Art. 26 TSchG, als moralisch völlig inakzeptabel im Sinne von Art. XX lit. a GATT einzustufen sind und somit in dessen Anwendungsbereich fallen.

Wie oben erwähnt, sind sowohl die gängigen Formen der Haltung von Pelztieren in kommerziellen Zuchtbetrieben als auch die Bejagung von Pelztieren mittels Fallen nach Maßstab des Schweizer Tierschutzrechts klar als Tierquälereien zu qualifizieren. Die im Ausland üblichen Pelzgewinnungsmethoden verletzen somit eindeutig die öffentliche Sittlichkeit der Schweizer Bevölkerung. Dies wird nicht zuletzt auch durch verschiedene Umfragen bestätigt.[29]

---

28 EC – Seal Products, Panel Report N 7.405ff.
29 Vgl. FN 3.

c) Erforderlichkeit

Damit eine Maßnahme nach Art. XX lit. a GATT gerechtfertigt werden kann, muss sie zudem notwendig sein, um den mit ihr verfolgten Zweck zu erfüllen. Dies ist dann der Fall, wenn sie in angemessener Weise zur Erreichung des angestrebten Ziels beiträgt und hierfür nicht auch ein weniger handelsbeschränkendes Mittel zur Verfügung steht.[30]

Mit einem Verbot des Imports und Inverkehrbringens tierquälerisch hergestellter Pelzwaren soll verhindert werden, dass die Schweiz durch ihre inländische Nachfrage Produktionsformen fördert, die von einer großen Mehrheit der Bevölkerung aus ethischen Gründen klar abgelehnt werden. Da das Verbot den Handel mit entsprechenden Erzeugnissen vollständig bzw. – je nach konkreter Ausgestaltung des Verbots – weitestgehend unterbinden würde, wäre sein Beitrag zur Zielerreichung fraglos als sehr bedeutend einzustufen. Als mildere Maßnahme käme insbesondere eine Deklarationspflicht in Betracht. Über eine solche verfügt die Schweiz bereits in Form der 2013 in Kraft getretenen Pelzdeklarationsverordnung. Wie oben dargestellt, vermochte diese bislang jedoch keine Senkung der Nachfrage nach tierquälerisch hergestellten Pelzwaren herbeizuführen. Vielmehr wurde 2016 sogar so viel Pelz importiert wie seit über 20 Jahren nicht mehr.[31] Dies dürfte nicht zuletzt darauf zurückzuführen sein, dass die Deklarationsverordnung sowohl in inhaltlicher Hinsicht als auch in der Umsetzung erhebliche Defizite aufweist und die Kunden daher kaum über die tatsächlichen Bedingungen, unter denen die Tiere gehalten oder gejagt wurden, aufklärt.[32]

Doch selbst eine optimal ausgestaltete und umgesetzte Deklarationspflicht könnte nicht verhindern, dass ein gewisser Anteil der

---

30 Sobald der Beschwerdeführer eine Alternative identifiziert hat, muss die beklagte Partei nachweisen, warum ihre Maßnahme dennoch notwendig ist (vgl. China – Publications and Audiovisual Products, Appellate Body Report N 319 und 324).
31 Siehe FN 2.
32 Siehe Seite 65.

Schweizer Bevölkerung trotz der ethischen Bedenken der klaren Bevölkerungsmehrheit tierquälerische Pelzerzeugnisse erwerben würde und die diesen zugrunde liegenden Formen der Pelzgewinnung damit weiterhin durch eine Schweizer Nachfrage gefördert würden. Das angestrebte Ziel lässt sich folglich nur durch ein Verbot des Imports und Inverkehrbringens entsprechender Produkte erreichen.

d) Chapeau-Klausel des Art. XX GATT

Handelsbeschränkungen lassen sich nur dann auf eine der Ausnahmen von Art. XX GATT stützen, wenn sie nicht gegen dessen sogenannte Chapeau-Klausel verstoßen. Diese verlangt, dass die ergriffenen Maßnahmen nicht zu einer willkürlichen oder ungerechtfertigten Diskriminierung führen und nicht protektionistisch motiviert sind.

Bezogen auf das zu untersuchende Verbot des Imports und Inverkehrbringens tierquälerisch erzeugter Pelzprodukte bedeutet dies, dass tierquälerische Formen der Haltung und Tötung von Pelztieren in der Schweiz selbst untersagt sein müssen und die Maßnahme weder protektionistisch motiviert noch „länderspezifisch" ausgestaltet sein darf. In der Schweiz existieren schon seit über dreißig Jahren keine kommerziell betriebenen Pelztierzuchten mehr, da diese aufgrund der bestehenden Tierhaltungsvorschriften nicht rentabel betrieben werden können. Auch der Einsatz der bei der Pelztierjagd im Ausland üblicherweise zur Anwendung gelangenden Fallen ist hierzulande, wie erwähnt, ausdrücklich verboten.

Weiter würde auch ein allfälliger Vorwurf, die Schweiz würde mit dem Verbot protektionistische Ziele verfolgen, ins Leere stoßen. Zwar werden in der Schweiz aus Gründen der Bestandsregulierung jährlich etwa 20.000 bis 35.000 Füchse gejagt, deren Felle teilweise zu Pelzprodukten weiterverarbeitet werden. Diese Zahlen verdeutlichen jedoch, dass die Pelzproduktion hierzulande wirtschaftlich unbedeutend ist. Es ist daher offensichtlich, dass ein Verbot des Imports und Inverkehrbringens tierquälerisch hergestellter Pelzerzeugnisse nicht auf protektionistischen Beweggründen beruhen, sondern vielmehr den grundlegenden Moralvorstellungen der einheimischen Bevölkerung Rechnung tragen würde. Da die Voraussetzungen für den Export von Pelzprodukten in die Schweiz für alle Staaten gleich wären, läge auch keine willkürliche oder ungerechtfertigte Diskriminierung gewisser WTO-Mitglieder vor. Das Verbot würde die Chapeau-Klausel von Art. XX GATT folglich nicht verletzen. Somit wären sämtliche Voraussetzungen für eine Rechtfertigung eines Verbots des Imports und Inverkehrbringens tierquälerisch erzeugter Pelzprodukte in die Schweiz durch Art. XX lit. a GATT erfüllt. Der Vollständigkeit halber soll nachfolgend dennoch geprüft werden, ob ein solches auch durch Art. XX lit. b GATT gerechtfertigt werden könnte.

4.1.2 Leben und Gesundheit von Tieren

Art. XX lit. b GATT betrifft Maßnahmen, die zum Schutz des Lebens oder der Gesundheit von Personen und Tieren oder zur Erhaltung des Pflanzenwuchses erforderlich sind. Lange galt der Artikel als wichtigste Ausnahmebestimmung zur Rechtfertigung handelsrestriktiver Tierschutzmaßnahmen. Dennoch herrscht Uneinigkeit darüber, ob und inwiefern der Begriff der Tiergesundheit den Tierschutz tatsächlich umfasst (Kelch 2011, 257; Thomas 2007, 618). Aus Angst vor Protektionismus wird vielfach gegen eine entsprechend weite Auslegung von Art. XX lit. b GATT argumentiert.[33] Demgegenüber vertreten nur wenige Lehrmeinungen die Ansicht, dass Art. XX lit. b GATT Handelsmaßnahmen zu rechtfertigen vermag, die ausschließlich dem Tierschutz dienen (zu diesen gehören etwa Stöhner & Bolliger 2011, 9; Yavitz 2002, 203).

In der Literatur nehmen viele Autoren eine Mittelposition ein und argumentieren, dass tierschützerisch motivierte Maßnahmen nur dann von Art. XX lit. b GATT erfasst sind, wenn Tierschutz und Tiergesundheit zusammenfallen (so etwa Kelch 2011, 257; Sykes 2014, 492). Nach dieser Auffassung kann der Schutz des Wohlergehens von Tieren also nur insoweit als Rechtfertigung für Handelsbeschränkungen herangezogen werden, als diese gleichzeitig der Bewahrung oder Wiederherstellung eines klinisch gesunden Zustands

---

33 Vgl. etwa Mexikos Argumentation im „US – Tuna I (Mexico)"-Fall (US – Tuna I [Mexico], GATT Panel Report N 3.37).

der betroffenen Tiere dienen oder deren Verletzung verhindern sollen.

Ein Verbot des Imports und Inverkehrbringens tierquälerisch erzeugter Pelzprodukte würde in erster Linie dem Schutz der öffentlichen Sittlichkeit in Bezug auf den Umgang mit den betroffenen Tieren dienen. Damit untrennbar verknüpft ist aber natürlich auch das Bestreben, einen unmittelbaren Beitrag dazu zu leisten, Tiere vor den in der Pelzproduktion üblichen tierquälerischen Haltungs- und Jagdformen zu bewahren. Insofern wäre ein solches Verbot zweifellos tierschützerisch motiviert, was je nach Auslegung bereits für eine Qualifizierung als Maßnahme zum Schutz des Lebens oder der Gesundheit von Tieren ausreichen würde. Doch auch bei einer engeren Auslegung, wonach hierfür zusätzlich der Schutz der klinischen Gesundheit der Tiere angestrebt werden müsste, wäre Art. XX lit. b GATT vorliegend anwendbar. Wie vorne dargestellt, verursacht die in Pelztierzuchtbetrieben übliche Haltung der Tiere auf Drahtgitterböden häufig schwere Pfotenverletzungen. Auch die vielfach auftretenden Verhaltensstörungen müssen als schwere Beeinträchtigung der psychischen Gesundheit der betroffenen Tiere eingestuft werden (siehe etwa Nimon & Broom 1999, 213f.; Pickett & Harris 2015, 28f.). Nach hier vertretener Auffassung würde es sich beim vorliegend zu untersuchenden Verbot somit sowohl bei weiter als auch bei engerer Auslegung um eine Maßnahme zum Schutz des Lebens bzw. der Gesundheit von Tieren i.S.v. Art. XX lit. b GATT handeln.

Ebenfalls umstritten ist, ob Art. XX lit. b GATT auf Maßnahmen anwendbar ist, die Tiere außerhalb des eigenen Staatsgebiets schützen sollen, wie dies bei einem Verbot des Imports und Inverkehrbringens tierquälerisch erzeugter Pelzprodukte der Fall wäre (siehe hierzu etwa Blattner 2016, 159ff.; Cook & Bowles 2010, 235f.). Nach hier vertretener Auffassung sprechen jedoch gute Argumente dafür, einen solchen weiten Geltungsbereich von Art. XX lit. b GATT zuzulassen. So enthält etwa der Wortlaut der Bestimmung keinen Hinweis darauf, dass deren Geltungsbereich auf nationale Güter beschränkt sein sollte. Im Rahmen der Ausarbeitung des GATT wurde eine solche Beschränkung zwar ausdrücklich zur Diskussion gestellt, in der Folge jedoch verworfen (Stohner 2006, 42).

Dies lässt darauf schließen, dass die Vertragsstaaten den territorialen Geltungsbereich von Art. XX lit. b GATT bewusst nicht begrenzen wollten. Bezüglich der Erforderlichkeit und Einhaltung der Chapeau-Klausel sei auf die entsprechenden Ausführungen zu Art. XX lit. a GATT verwiesen.[34] Somit wären nach hier vertretener Ansicht sämtliche Voraussetzungen erfüllt, um ein Verbot des Imports und Inverkehrbringens tierquälerisch erzeugter Pelzprodukte auch gestützt auf Art. XX lit. b GATT zu rechtfertigen.

4.2 Weitere Abkommen

Neben dem GATT kommen noch weitere internationale Handelsabkommen in Betracht, die einem Verbot des Imports und Inverkehrbringens tierquälerisch erzeugter Pelzprodukte möglicherweise im Wege stehen könnten. Zu denken ist dabei etwa an das Technical Agreement on Barriers to Trade (TBT), die Bilateralen Abkommen mit der EU und weitere bilaterale Übereinkommen mit Drittstaaten. Sämtliche der genannten Abkommen enthalten jedoch Ausnahmeklauseln, die inhaltlich Art. XX lit. a und b GATT entsprechen bzw. auf Art. XX GATT verweisen. Soweit die Übereinkommen tatsächlich Bestimmungen enthalten, die durch das Verbot verletzt würden, wären diese Verstöße folglich gerechtfertigt.

5. Umsetzung

Damit ein Verbot des Imports und Inverkehrbringens tierquälerisch erzeugter Pelzprodukte mit den internationalen Handelsverpflichtungen der Schweiz in Einklang steht, muss es die Einfuhr von Pelzwaren, deren Gewinnung nicht als tierquälerisch zu bezeichnen ist, weiterhin zulassen. Dieser Anforderung an die Ausgestaltung des Verbots könnte durch eine in Anlehnung an die Landwirtschaftliche Deklarationsverordnung (LDV)[35] und die Verordnung über die Kontrolle der rechtmäßigen Herkunft von eingeführten Erzeugnissen der

---

34 Siehe Seite 72f.
35 Verordnung über die Deklaration für landwirtschaftliche Erzeugnisse aus in der Schweiz verbotener Produktion vom 26.11.2003 (SR 916.51).

Meeresfischerei[36] ausgearbeitete Lösung begegnet werden (vgl. Stohner 2006, S. 171ff.). Demnach wären der Import und das Inverkehrbringen von Pelzprodukten zulässig, wenn die Felle, aus denen diese bestehen, nachweislich in einem Staat gewonnen wurden, der einerseits anerkanntermaßen über eine Gesetzgebung verfügt, die tierquälerische Formen der Haltung und Tötung von Pelztieren verbietet, und andererseits eine angemessene Kontrolle dieser Verbote garantiert. Erzeugnisse aus Fellen, die aus anderen Ländern stammen, dürften importiert und in Verkehr gebracht werden, wenn sie unter Einhaltung anerkannter privatrechtlicher Produktionsrichtlinien hergestellt wurden, die tierquälerische Umgangsformen untersagen, und die Befolgung der entsprechenden Bestimmungen durch eine unabhängige Zertifizierungsstelle überwacht wird.

Der Nachweis, dass sämtliche Voraussetzungen für die Einfuhr bzw. für das Inverkehrbringen des jeweiligen Pelzprodukts erfüllt sind, wäre vom Importeur und vom Verkäufer durch das Vorlegen von Dokumenten, die eine lückenlose Rückverfolgbarkeit des Erzeugnisses ermöglichen, zu erbringen. Die Kontrolle der Einhaltung der Maßnahme ließe sich dabei sowohl an der Grenze als auch in den Verkaufsläden und deren Lagerstätten durchführen. Um die notwendige Infrastruktur für einen reibungslosen Vollzug aufbauen zu können, den Schweizer Verkaufsstellen den Absatz der bereits angeschafften tierquälerisch erzeugten Pelzprodukte zu ermöglichen und exportwilligen Staaten die Möglichkeit zu geben, die notwendigen gesetzlichen Anpassungen vorzunehmen, wäre für das Verbot eine angemessene Übergangsfrist vorzusehen.

6. Fazit

Bei einem Verbot des Imports und Inverkehrbringens tierquälerisch erzeugter Pelzprodukte würde es sich um eine handelsrestriktive Maßnahme handeln, die mit hoher Wahrscheinlichkeit verschiedene Bestimmungen des GATT sowie weiterer internationaler Abkom-

---

36 Verordnung über die Kontrolle der rechtmässigen Herkunft von eingeführten Erzeugnissen der Meeresfischerei vom 20.04.2016 (SR 453.2).

men der Schweiz verletzen würde. Sämtliche dieser Abkommen sehen jedoch Ausnahmen vor für Maßnahmen, die zum Schutz der öffentlichen Sittlichkeit oder des Lebens und der Gesundheit von Tieren erforderlich sind. Dabei ist strittig, ob der bloße Schutz des tierlichen Wohlergehens unter den Schutz des Lebens oder der Gesundheit von Tieren subsumiert werden kann und ob sich dieser auch auf Tiere außerhalb des eigenen Staatsgebiets erstrecken darf. Nach hier vertretener Ansicht sprechen jedoch gute Gründe dafür, dass die betreffenden Bestimmungen auch Maßnahmen, die den Schutz des Wohlergehens von Tieren bezwecken, umfassen, und zwar auch dann, wenn sich die zu schützenden Tiere außerhalb der eigenen Staatsgrenzen befinden. Das vorgeschlagene Verbot wäre demnach als Maßnahme zum Schutz des Lebens und der Gesundheit von Tieren gerechtfertigt.

Eindeutiger präsentiert sich die Rechtslage in Bezug auf den Schutz der öffentlichen Sittlichkeit. Dass Tierschutzanliegen der Bevölkerung zur öffentlichen Sittlichkeit zu zählen sind, haben die WTO-Rechtsprechungsgremien ausdrücklich bestätigt. Da der Tierschutz in der Schweiz eine lange Tradition genießt und ebenso wie der Schutz der Tierwürde sogar auf Verfassungsebene verankert ist, steht vor diesem Hintergrund außer Frage, dass tierquälerische Formen der Pelzgewinnung gegen die Sittlichkeit der Schweizer Bevölkerung verstoßen. Da eine bloße Deklarationspflicht nicht verhindern kann, dass die Schweiz weiterhin tierquälerisch hergestellte Pelzwaren einführt, lässt sich die Förderung von Pelzproduktionsformen, die den gesellschaftlichen Moralvorstellungen in der Schweiz klar zuwiderlaufen, einzig durch ein Verbot des Imports und Inverkehrbringens entsprechender Erzeugnisse verhindern.

Eine solche Maßnahme wäre folglich sowohl mit dem GATT als auch mit sämtlichen weiteren anwendbaren Abkommen, die die Schweiz abgeschlossen hat, vereinbar. *Ein Verbot des Imports und Inverkehrbringens tierquälerisch erzeugter Pelzprodukte würde die internationalen Handelsverpflichtungen der Schweiz somit nicht verletzen.*

Um nicht-tierquälerischen Pelzerzeugnissen den Zugang zum Schweizer Markt weiterhin zu ermöglichen, könnte die Schweiz

Staaten und privatrechtliche Produktionsrichtlinien anerkennen, die tierquälerische Umgangsformen mit Pelztieren verbieten. Vermag der Importeur bzw. der Verkäufer mittels einer Herkunftsbescheinigung nachzuweisen, dass das betreffende Pelzprodukt aus einem entsprechenden Staat oder Betrieb stammt, darf er dieses einführen bzw. verkaufen.

Literatur und Internetquellen

20 Minuten online (2017). *Überall Jacken mit echtem Pelz.* URL: http://www.20min.ch/schweiz/news/story/-berall-Jacken-mit-echtem-Pelz-15355741; Zugriffsdatum: 25.08.2017.

Balluch, M. (2015). Pelz. In A. Ferrari & K. Petrus (Hrsg.), *Lexikon der Mensch-Tier Beziehung.* Bielefeld: transcript, 279–282.

Blattner, C. (2016). *The Extraterritorial Protection of Animals: Admissibility and Possibilities of the Application of National Animal Welfare Standards to Animals in Foreign Countries.* Diss. Basel.

Bolliger, G. (2000). *Europäisches Tierschutzrecht: Tierschutzbestimmungen des Europarats und der Europäischen Union (mit einer ergänzenden Darstellung des schweizerischen Rechts).* Diss. Zürich & Bern: Schulthess Juristische Medien AG.

Bolliger, G. (2016). *Animal Dignity Protection in Swiss Law – Status Quo and Future Perspectives.* Zürich, Basel & Genf: Schulthess Juristische Medien AG (= Schriften zum Tier im Recht, hrsg. v. d. Stiftung für das Tier im Recht (TIR), Bd. 15).

Bolliger, G., Richner, M., & Rüttimann, A. (2011). *Tierschutzstrafrecht in Theorie und Praxis.* Zürich, Basel & Genf: Schulthess Juristische Medien AG (= Schriften zum Tier im Recht, hrsg. v. d. Stiftung für das Tier im Recht (TIR), Bd. 1).

Bolliger, G., & Rüttimann, A. (2015). Rechtlicher Schutz der Tierwürde – Status quo und Zukunftsperspektiven. In C. Ammann, B. Christensen, L. Engi & M. Michel, *Würde der Kreatur – Ethische und rechtliche Beiträge zu einem umstrittenen Konzept.* Zürich, Basel & Genf: Schulthess Juristische Medien AG, 65–92.

Charnovitz, S. (1998). The Moral Exception in Trade Policy. *Virginia Journal of International Law 38*, 689–745.

China Leather Industry Association (2016). *Statistical Report on the Production of Skins of Mink, Fox and Raccoon in China (2015).* URL: http://en.chinaleather.org/Files/20160602/27/154400.pdf; Zugriffsdatum: 25.08.2017.

Cook, K., & Bowles, D. (2010). Growing Pains: The Developing Relationship of Animal Welfare Standards and the World Trade Rules. *Review of European, Comparative & International Environmental Law 19,* 227–247.

FACE (The European Federation of Association for Hunting & Conservation) (2014/2014a). *Best Practice Guidelines for Trapping of Mammals in Europe, Ondatra zibethicus.* URL: http://www.face.eu/ sites/default/files/attachments/trapping_guidelines_-_ondatra_zibethic us.pdf; Zugriffsdatum: 25.08.2017.

FACE (The European Federation of Associations for Hunting & Conservation) (2013/2014b). *Best Practice Guidelines for Trapping of Mammals in Europe, Vulpes vulpes.* URL: http://www.face.eu/sites/default/files/attachments/trapping_guidelines_-_vulpes_vulpes.pdf; Zugriffsdatum: 25.08.2017.

Fur Europe. *WelFur: Science-based Animal Welfare.* URL: http://www.fureurope.eu/fur-policies/welfur/; Zugriffsdatum: 25.08.2017.

Fur Europe (2015a). *WelFur. Welfare Assessment Protocol for Foxes.* URL: http://www.fureurope.eu/wp-content/uploads/2015/10/WelFur_fox_protocol_web_edition.pdf; Zugriffsdatum: 25.08.2017.

Fur Europe (2015b). *WelFur. Welfare Assessment Protocol for Mink.* URL: http://www.fureurope.eu/wp-content/uploads/2015/10/Mink_pr otocol_final_web_edition_light.pdf; Zugriffsdatum: 25.08.2017.

Fur Europe (2016). *Annual Report 2015.* URL: http://www.fureurope.eu /wp-content/uploads/2015/02/FE-Annual-Report-2015-Single-Pages. pdf; Zugriffsdatum: 25.08.2017.

Fur Europe (2017). *4,000 European Fur Farms to Be WelFur Certified by 2020, 16.01.2017.* URL: http://www.fureurope.eu/news/4-000-europ ean-fur-farms-to-be-welfur-certified-by-2020/; Zugriffsdatum: 25.08. 2017.

Government of Manitoba (2016/2017). *Trapping Guide, 2016–2017.* URL: https://www.gov.mb.ca/sd/wildlife/trapping/pdf/2016_trapping _guide.pdf; Zugriffsdatum: 25.08.2017.

Government of Saskatchewan. *International Humane Trapping Standards, Effect of the Agreement on International Humane Trapping Standards (AIHTS) on Furbearer Trapping Methods in Saskatchewan.* URL: http://publications.gov.sk.ca/documents/66/76566-577a4690-af 8b-4306-874b-8da2272579da.pdf; Zugriffsdatum: 25.08.2017.

INTEGRAL. *Markt- und Meinungsforschung.* URL: http://www.integral. co.at; Zugriffsdatum: 25.08.2017.

International Fur Federation. *Wild Fur.* URL: https://www.wearefur.com/ responsible-fur/wild-fur/: Zugriffsdatum: 25.08.2017.

Kelch, T. G. (2011). *Globalization and Animal Law Comparative Law, International Law and International Trade.* Alphen aan den Rijn: Kluwer Law International.

Krepper, P. (1998). *Zur Würde der Kreatur in Gentechnik und Recht: Thesen zum gentechnischen Umgang mit Tieren in der Schweiz unter Berücksichtigung des internationalen Rechtsumfelds.* Bern: Helbing und Lichtenhahn.

Linzey, A. (Hrsg.) (2002). *The Ethical Case against Fur Farming: A Statement by an International Group of Academics, Including Ethicists, Philosophers and Theologians.* URL: http://www.infurmation. com/pdf/linzey02.pdf; Zugriffsdatum: 08.06.2017.

Nimon, A. J., & Broom, D. M. (1999). *The Welfare of Farmed Mink (Mustela Vison) in Relation to Housing and Management: a Review. Animal Welfare 8 (3),* 205–228.

Pickett, H., & Harris, S. (2015). *The Case against Fur Factory Farming. A Scientific Review of Animal Welfare Standards and "WelFur".* URL: http://trade.ec.europa.eu/doclib/docs/2013/december/tradoc_15 1962.pdf; Zugriffsdatum: 25.08.2017.

Purtscher, C. (2000). *Pelztierhaltung und Pelzhandel in Österreich – Rechtliche Regelungen und Handlungsbedarf.* Wien: Diplomarbeit an der Universität Wien und BOKU Wien.

SCAHAW (Scientific Committee on Animal Health and Animal Welfare of the European Commission) (2001). *The Welfare of Animals Kept for Fur Production.* URL: https://ec.europa.eu/food/sites/food/files/ safety/docs/sci-com_scah_out67_en.pdf; Zugriffsdatum: 25.08.2017.

Serpin, P. (2016). The Public Morals Exception after the WTO Seal Products Dispute: Has the Exception Swallowed the Rules? *Columbia Business Law Review (1),* 217–251.

Stohner, N. (2006). *Importrestriktionen aus Gründen des Tier- und Artenschutzes im Recht der WTO.* Bern: Stämpfli.

Stohner, N., & Bolliger, G. (2011). *GATT-rechtliche Zulässigkeit von Importverboten für Pelzprodukte.* Zürich, Basel & Genf: Schulthess Juristische Medien AG (= Schriften zum Tier im Recht, hrsg. v. d. Stiftung für das Tier im Recht (TIR), Bd. 4).

Sykes, K. (2014). Sealing Animal Welfare into the GATT Exceptions. *World Trade Review 13,* 471–498.

Thomas, E. M. (2007). Playing Chicken at the WTO: Defending an Animal Welfare-Based Trade Restriction under GATT's Moral Exception. *Boston College Environmental Affairs Law Review 34*, 605–637.

Trüeb, H. R. (2001). *Umweltrecht in der WTO – Staatliche Regulierungen im Kontext des internationalen Handelsrechts.* Zürich: Schulthess.

Yavitz, L. (2002). The WTO and the Environment: The Shrimp Case that Created a New World Order. *Journal of National Resources and Environmental Law 16*, 203–255.

Materialien

Amtliches Bulletin des Ständerats (2011).

BLV (Bundesamt für Lebensmittelsicherheit und Veterinärwesen) (2012). Erläuterungen Pelzdeklarationsverordnung. Bern.

BLV (Bundesamt für Lebensmittelsicherheit und Veterinärwesen) (2014). Pelzdeklaration – Bilanz nach sechs Monaten Kontrolle. Bern.

BLV (Bundesamt für Lebensmittelsicherheit und Veterinärwesen) (2015). Pelzdeklaration – Bilanz nach einem Jahr Kontrolle. Bern.

Verzeichnis der GATT- und WTO-Schlichtungsverfahren

China – Publications and Audiovisual Products, Appellate Body Report, China – Measures Affecting Trading Rights and Distribution Services of Certain Publications and Audiovisual Entertainment Products, WT/DS363/AB/R (angenommen am 19.01.2010).

China – Publications and Audiovisual Products, Panel Report, China – Measures Affecting Trading Rights and Distribution Services of Certain Publications and Audiovisual Entertainment Products, WT/DS363/R (angenommen am 19.11.2010).

EC — Seal Products, Appellate Body Report, European Communities – Measures Prohibiting the Importation and Marketing of Seal Products, WT/DS400/AB/R, WT/DS4001/AB/R (angenommen am 18.06.2014).

EC — Seal Products, Panel Report, European Communities – Measures Prohibiting the Importation and Marketing of Seal Products, WT/DS400/R, WT/DS4001/R (angenommen am 18.06.2014).

US – Gambling, Panel Report, United States – Measures Affecting the Cross-Border Supply of Gambling and Betting Services, WT/DS285/R (angenommen am 20.04.2005).

US – Tuna I (Mexico), GATT Panel Report, United States – Restrictions on Imports of Tuna, DS21/R - 39S/155 (nicht angenommen, aber veröffentlicht am 03.09.1991).

Zu den Personen

Lic. iur. Andreas Rüttimann ist seit 2008 als rechtswissenschaftlicher Mitarbeiter bei der Stiftung für das Tier im Recht (TIR) tätig. Er hat als Mitverfasser an diversen Fachartikeln und Rechtsgutachten im Bereich des rechtlichen Tierschutzes mitgewirkt und referiert regelmäßig an Ausbildungs- und Weiterbildungsveranstaltungen zu tierschutzrechtlichen Fragen. Außerdem ist er Co-Autor des Kommentars *Schweizer Tierschutzstrafrecht in Theorie und Praxis*, des Praxisratgebers *Pferd im Recht transparent* sowie der Bücher *Enthornen von Rindern unter dem Aspekt der Tierwürde* und *Baujagd unter dem Aspekt des Tierschutz- und Jagdrechts*. Seit 2017 hat er überdies Einsitz in der Tierversuchskommission des Kantons Zürich sowie im wissenschaftlichen Beirat von Animal Rights Switzerland.

Lic. iur. Vanessa Gerritsen ist stellvertretende Geschäftsleiterin der Stiftung für das Tier im Recht (TIR), für die sie bereits seit 2004 als freie Mitarbeiterin tätig war. 2006 hat sie die Arbeiten an einer Dissertation im Bereich des Tierversuchsrechts aufgenommen. Von Juli 2009 bis Juli 2017 hatte sie Einsitz in der Tierversuchskommission des Kantons Zürich. Vanessa Gerritsen ist Mitverfasserin verschiedener Rechtsgutachten und Fachartikel im Bereich des deutschsprachigen Tierschutzrechts und referiert regelmäßig zu diversen rechtlichen Aspekten der Mensch-Tier-Beziehung.

Dr. iur. Charlotte Blattner hat nach rechtswissenschaftlicher Mitarbeit am Schweizerischen Kompetenzzentrum für Menschenrechte (SKMR) und Gerichtsvolontariat 2016 ihr Dissertationsprojekt über den extraterritorialen Schutz der Tiere im Rahmen des Doktoratsprogramms „Law and Animals" an der rechtswissenschaftlichen Fakultät der Universität Basel abgeschlossen. Sie war Visiting International Scholar am Center for Animal Law Studies der Lewis & Clark Law School in Portland und arbeitet derzeit als Postdoctoral Fellow an der Queen's University in Kingston. Seit 2017 ist sie als freie rechtswissenschaftliche Mitarbeiterin bei der Stiftung für das Tier im Recht (TIR) tätig. Ihre Forschungsinteressen und bisherigen Publikationen gelten dem Tier(schutz)recht, Handelsrecht, Agrarrecht und -politik, Umweltrecht, dem Einfluss kognitiver Verzerrung auf die Entstehung und Anwendung des Rechts und dem effektiven Altruismus.

Rechtsgutachten

Rüttimann, Andreas, Gerritsen, Vanessa, & Blattner, Charlotte. *Zulässigkeit von Beschränkungen des Handels mit tierquälerisch hergestellten Pelzprodukten* (Schriften zum Tier im Recht, Bd. 16). Zürich, Basel & Genf 2017. ISBN 978-3-7255-7746-0.

Korrespondenzadresse

Stiftung für das Tier im Recht (TIR)
Rigistrasse 9
8006 Zürich
Schweiz
Tel. +41 43 443 06 43
www.tierimrecht.org
E-Mail: info@tierimrecht.org

INTERVIEW

TIERethik
9. Jahrgang 2017/2
Heft 15, S. 86–90

Drei Fragen an Margot Michel

TIERethik: Was sind die größten Hoffnungen, die Sie mit Tierrechten verbinden?

Michel: Ich hoffe nicht, dass Tierrechte die Gesellschaft verändern können, sondern umgekehrt, dass sich die Gesellschaft in eine Richtung verändert, welche die Anerkennung von Tieren als Rechtssubjekten erst ermöglicht. Wenn aus dem notorischen Vollzugsmangel im jetzigen Tierschutzrecht eine Lehre gezogen werden kann, dann die, dass Recht, welches nicht umgesetzt wird, toter Buchstabe und damit für die Tiere nutzlos bleibt. Für die tatsächliche Lebenssituation von Tieren ist deshalb der Vollzug, die Umsetzung des Rechts, der entscheidende Punkt. Was für das geltende Tierschutzrecht gilt, trifft selbstredend auch auf eine Rechtsordnung zu, welche Tiere als Rechtssubjekte anerkennen würde.

Es besteht bislang kein Grund für die Annahme, dass sich am notorischen Vollzugsmangel im Tierschutzrecht durch den bloßen Wechsel des Rechtsstatus von Tieren signifikant etwas ändern würde. Dies würde wie unter dem jetzigen System maßgeblich davon abhängen, wem die Geltendmachung dieser Tierrechte übertragen würde und wer präventiv darüber wachen würde, dass sie nicht verletzt werden bzw. dass bei Verletzungen rasch Abhilfe geschaffen wird. Wenn dies nach wie vor Behörden sein sollen, müssen Interessenkonflikte, welche bereits jetzt einen kompromisslosen Vollzug des Tierschutzrechts vielfach behindern, unbedingt vermieden werden.

Hinzu kommt, dass der Begriff der Tierrechte alleine noch nichts über die Ausgestaltung dieser Rechte aussagt. So sind Tierrechts-Modelle denkbar, welche inhaltlich am bestehenden Schutzstandard nichts Grundlegendes ändern würden. Solche Modelle wurden sowohl von frühen als auch von zeitgenössischen Befürwortern eines Tierrechte-Modells vertreten. Zum jetzigen Zeitpunkt wären wohl auch nur solche Tierrechtsmodelle in einer demokratischen Rechtsordnung überhaupt mehrheitsfähig. Ich bin deshalb skeptisch, ob sie zum jetzigen Zeitpunkt eingeführt werden sollten. Denn Tierrechte in einem starken Sinne haben, um mit der amerikanischen Rechtsprofessorin Taimie L. Bryant zu sprechen, mit der tatsächlichen und rechtlichen Situation von Tieren nichts zu tun.

An dieser Stelle ist daran zu erinnern, dass sich Recht, will es nicht empfindlich an normativer Kraft einbüßen, nicht zu weit von der dominierenden „Gesellschaftsmoral" entfernen kann – im Wissen darum, dass diese keineswegs immer einer ethischen Reflexion standhält. Ansonsten besteht die Gefahr, dass das Recht schlicht nicht umgesetzt wird. So hat bereits Henry Salt erkannt, dass juridische Tierrechte nicht am Anfang einer Entwicklung stehen können. Sie sind vielmehr das Ergebnis, der Endpunkt einer gesellschaftlichen Entwicklung, welche Tiere mit Christine Korsgaard als diejenigen Lebewesen anerkennt, welche mit uns diese Erde teilen und rechtmäßig besitzen.

Recht als strukturell konservativer Diskurs dient primär der Absicherung und Legitimation bestehender Macht- und Herrschaftsstrukturen. Darüber hinaus bildet es aber nicht nur einen bestehenden gesellschaftlichen Konsens ab: Durch seine Festschreibung formt es ihn zugleich mit und schreibt ihn auf einer bestimmten Entwicklungsstufe fest. Damit besteht die Gefahr, dass es ihn auf dieser Stufe „einfriert", beständig neu reproduziert und die weitere Entwicklung behindert. Freilich kann Recht in beschränktem Maße auch als Steuerungsinstrument wirken und Entwicklungen fördern. Die Steuerungsfunktion des Rechts darf aber auch nicht überschätzt werden.

In diesem Sinne ist eine so grundlegende Rechtsreform, wie sie mit der Anerkennung von Tieren als Rechtssubjekten verbunden wäre, nicht zu trennen von einer Sozialreform – auch dies bereits eine Erkenntnis von Henry Salt. Und diese Sozialreform muss dem Recht immer wenigstens einen kleinen Schritt voraus sein.

TIERethik: Was können Tierrechte leisten?

Tierrechte können nichts leisten, wozu die Gesellschaft nicht bereit ist. Es ist illusorisch anzunehmen, ein grundlegender gesellschaftlicher Wandel ließe sich durch eine bloße Rechtsreform bewerkstelligen. Was Tierrechte leisten können, ist Folgendes: Sie können Tiere als Rechtssubjekte anerkennen und damit zu Rechtsträgern machen. Damit können sie die rechtliche Position von Tieren deutlich stärken und, je nach inhaltlicher Ausgestaltung dieser Rechte, auch den Schutzstandard von Tieren deutlich heben. Aus meiner Sicht müsste mit einer Anerkennung von Tierrechten vor allem zweierlei verbunden sein: der effektive Schutz des tierlichen Lebensrechts und damit verbunden die Beendigung oder mindestens starke Einschränkung der Kommerzialisierung von Tieren. Tierrechte anzuerkennen, würde bedeuten, die ausschließliche Instrumentalisierung von Tieren zu menschlichen Zwecken zu beenden, um Tiere als als Lebewesen mit einem Eigenwert anzuerkennen.

TIERethik Wo liegen im juristischen Bereich die größten Herausforderungen bei der Umsetzung von Tierrechten?

Die wohl größte Hürde ist es, für eine solch grundlegende Rechtsreform, die ohne eine entsprechende Gesellschaftsreform nicht denkbar ist, die politischen Mehrheiten zu finden. Dazu gehört auch, sich auf ein bestimmtes Konzept der Tierrechte zu einigen. Bei der Umsetzung einer solchen Reform würde die Krux aus meiner Sicht wiederum beim Vollzug liegen. Zum ersten müsste eine große Mehrheit der menschlichen Bevölkerung eine solche Reform mittragen, denn das Recht lässt sich nur dann umsetzen, wenn sich die meisten Rechtsunterworfenen mit der Regelung einigermaßen identifizieren und sie ohne Sanktionen „freiwillig" befolgen. Zum anderen müssten Strukturen geschaffen werden, welche auf die Einhaltung der

Tierrechte pochen und notfalls eingreifen sowie Rechtsverletzungen nachträglich zuverlässig und effizient ahnden. An sich bestehen hierfür auch schon Strukturen: Wie beim Menschen könnte die Polizei die erste Ansprechperson sein, wenn Rechtsverletzungen drohen. Die Staatsanwaltschaften könnten genauso, wie sie jetzt Delikte gegen Menschen (und Tierquälerei nach dem Tierschutzgesetz) verfolgen, auch die Verletzung von Tierrechten ahnden. Und die Veterinärämter könnten ähnlich wie Kindesschutzbehörden auf die Einhaltung der entsprechenden Vorschriften achten und notfalls Umplatzierungen vornehmen oder Maßnahmen zur Gewährleistung des Tierwohls verhängen. Allerdings sind die bisherigen Erfahrungen mit der Umsetzung des Tierschutzgesetzes in dieser Beziehung ernüchternd. Aus meiner Sicht müsste deshalb die Behördenstruktur grundlegend überdacht werden, wenn Tierrechte eingeführt würden. Dies wäre im Übrigen auch unter dem geltenden Tierschutzrecht bereits mehr als angezeigt und würde meiner Meinung nach eine Verbesserung des Vollzugs bewirken: So sollten insbesondere die jetzigen Veterinärämter, die eine Vielzahl von Aufgaben wahrnehmen, von denen der Tierschutz nur ein Teilbereich ist, nach dem Vorbild der Kindesschutzbehörden umgestaltet werden und nur noch mit dem Vollzug des Tierschutzgesetzes betraut sein. Die Rollenvermischung mit anderen Aufgaben oder privaten Tätigkeiten (Seuchenschutz, Fleischkontrolle, Tätigkeit in der Privatpraxis) führt meiner Meinung nach zu Interessenkonflikten bei den Amtsträgern und damit dazu, dass die Tierschutzaufgabe nur sehr ungenügend wahrgenommen wird. Das wäre bei einer Kindesschutzbehörde, die gleichzeitig noch Steuer- und Migrationsbehörde wäre, im Übrigen nicht anders.

Zur Person

Prof. Dr. iur. Margot Michel ist Assistenzprofessorin für Zivilrecht und Zivilverfahrensrecht unter besonderer Berücksichtigung des Familienrechts und der verfahrensrechtlichen Bezüge an der Universität Zürich. Ihre Forschungsschwerpunkte liegen im Bereich des Familienrechts und des Familienverfahrensrechts, des Medizinrechts und des Personenrechts. Darüber hinaus beschäftigt sie sich mit Fragestellungen im Bereich von Behinderung und Recht und Tier und

Recht. Sie ist Mitbegründerin der „Educational Group for Animal Law Studies" (EGALS), eines Zusammenschlusses von an verschiedenen europäischen Universitäten tätigen Juristinnen und Juristen zur Förderung von Animal Law an europäischen Universitäten.

Korrespondenzadresse

Prof. Dr. Margot Michel
Rämistrasse 74/39
8001 Zürich
Schweiz
E-Mail: lst.michel@rwi.uzh.ch

WEITERER BEITRAG

TIERethik
9. Jahrgang 2017/2
Heft 15, S. 91–115

Julia Eva Wannenmacher

Tier und Religion(en).
Theologische Tierethik im Kontext

Zusammenfassung

Theologie und Tier sind nach wie vor oft weit voneinander entfernt. In den theologischen Enzyklopädien findet sich meist zu Tierethik kein Eintrag. Was kann eine theologische Tierethik – und schon gar in einer säkularen Welt – überhaupt leisten? Kann sie auch für Nicht-ChristInnen von Interesse sein? Die meisten Arbeiten zu Theologie und Tierethik gehen über eine Betonung der Mitgeschöpflichkeit der Tiere, die wir als jüngere Geschwister oder Kinder ansehen und mit Würde behandeln sollten, nicht hinaus, wobei die Frage nach dem intrinsischen Wert oder gar der möglichen Rolle der Tiere in einer speziesismusfreien Theologie oft unbeantwortet bleibt. In meinem Entwurf einer theologischen Tierethik versuche ich, den Weg zu einer Theologie ohne Anthropozentrismus und Speziesismus zu bereiten, der attraktiv und modellhaft auch für andere Weltsichten als die christliche sein könnte.

Schlüsselwörter: Anthropozentrismus, Karl Barth, rationale Ethik, Schuldfähigkeit, speziesismusfreie Theologie

| Julia Eva Wannenmacher

Animal and religion(s).
Contextualized theological animal ethics

Summary

Theology and the animal are often still far apart. The established theological encyclopedias usually do not even index animal ethics. What can theological animal ethics – and especially in a secular world – offer? Can it be of any interest to non-Christians? The current theological texts on animal ethics are usually limited to an emphasis on animals as fellow creatures that we should look on as younger siblings or children and treat with dignity while the question of the intrinsic value, let alone the significance of animals in a speciesism-free theology usually remains unanswered. In my draft of theological animal ethics, I try to pave the way to a theology that is free of anthropocentrism and speciesism, which could be attractive and exemplary also for worldviews other than the Christian one.

Keywords: anthropocentrism, Karl Barth, rational ethics, liability, speciesism-free theology

1. Was ist und wozu brauchen wir eine theologische Tierethik?

Über theologische Tierethik zu reden, ist unnötig. Sie könnte allenfalls für Christinnen und Christen relevant sein; die aber haben jahrhundertelang gezeigt, dass ihr Handeln in Bezug auf Tiere alles andere als ethisch motiviert scheint, so dass die Tiere in einer theologischen Ethik offensichtlich keine Rolle spielen.

Über theologische Tierethik zu reden, ist unmöglich. Der britische Theologe David Clough erklärte am Anfang seines Buches *On Animals* (2012), dass er eigentlich eine theologische Tierethik habe schreiben wollen, dann aber festgestellt habe, dass diese Aufgabe nicht lösbar sei, denn die nötige Voraussetzung dazu wäre, dass Tiere einen Platz in der theologischen Dogmatik hätten, was aber bisher nicht der Fall sei. Den meisten Versuchen, von theologischer Seite über Tierethik zu reden, merkt man diese Unmöglichkeit an. Sie sind von der Ungewissheit geprägt, inwieweit nichtmenschliche Tiere für eine theologische Ethik überhaupt Berücksichtigung finden könnten und, wenn ja, worauf sich diese Berücksichtigung begründet. Meistens enden sie mit dem, was man den guten Paternalismus nennt: Man bezieht sich auf den Herrschaftsbefehl in der Schöpfungserzählung: Macht euch die Erde untertan (Gen. 1,28) ..., und hebt dann ermahnend den Zeigefinger: So sei das aber nicht gemeint. Mich erinnert diese Herangehensweise immer an eine Mutter, die ihr Kind ermahnt, endlich einmal das Kinderzimmer aufzuräumen: „Schau, wir haben dir so schöne Spielsachen gekauft, und nun sieh, wie du sie herumwirfst! Das ist doch nicht schön. Räum doch mal auf und geh in Zukunft besser damit um! Wo kommen wir denn sonst hin?"

Wir alle wissen, wohin das Konzept des guten Paternalismus Christinnen und Christen gebracht hat. Peter Singer beschreibt das Dilemma in seinem klassisch gewordenen Buch *Animal Liberation* aus dem Jahr 1975:

"There have, of course, been many humane Catholics who have done their best to ameliorate the position of their church with regard to animals, and they have had occasional successes. By stressing the degrading tendency of cruelty, some Catholic writers have felt themselves able to condemn the worst of human practices toward other animals. Yet most remain limited by the basic outlook of their religion. The case of Saint Francis of Assisi illustrates this. Saint Francis is the outstanding exception to the rule that Catholicism discourages concern for the welfare of nonhuman beings. […] Many legends tell of his compassion, and the story of how he preached to the birds certainly seems to imply that the gap between them and the humans was less than other Christians supposed. But a misleading impression of the views of Saint Francis may be gained if one looks only at his attitude to larks and the other animals. It was not only sentient creatures whom Saint Francis addressed as his sisters: the sun, the moon, wind, fire, all were brothers and sisters to him. […] his love for all creatures could coexist with a theological position that was quite orthodox in its speciesism. […] The sun itself, he thought, shines for man. These beliefs were part of a cosmology that he never questioned, the force of his love for all creation, however, was not to be bound by such considerations.

While this kind of ecstatic love can be a wonderful source of compassion and goodness, the lack of rational reflection can also do much to counteract its beneficial consequences. If we love rocks, trees, plants, larks and oxen equally, we may loose sight of the essential differences between them, most importantly, the differences in degree of sentience. We may then think that since we have to eat to survive, and since we cannot eat without killing something we love, it does not matter which we kill." (Singer 1975/2009, 192–193)

Überzeugend bringt Singer hier auf den Punkt, warum eine theologische Tierethik mit der Liebe zu allen Geschöpfen ebenso wie mit dem guten Paternalismus unausweichlich in eine Sackgasse gerät. Was wir brauchen, ist eine völlig neue Definition.

Was Tiere sind, ist klar – je nach Definition „wir und die anderen" oder „die anderen, aber nicht wir". Religion ist schon nicht mehr ganz so eindeutig definierbar. Das merken wir spätestens dann, wenn Biologen oder Biologinnen neuerdings gelegentlich behaupten, dass nichtmenschliche Tiere nicht nur Bewusstsein oder Moral, sondern sogar Religion hätten – aber woran erkennt man „Religion"? Welche Voraussetzungen sind nötig, damit von Religion gesprochen werden darf? Noch problematischer ist die Frage nach dem Verhältnis zwischen Religion an sich und den Menschen, die eine Religion ausüben oder sie anderen Menschen gegenüber repräsentieren. Vollends zum Ärgernis wird Religion dann, wenn sie zur Begründung von Gewalt herangezogen wird und Gewalt gegen Menschen, Tiere, Natur oder Kulturdenkmäler religiös motiviert daherkommt und durch die Gesetze einer Religion legitimiert oder sogar als geboten erklärt werden soll.

In solchen Fällen mögen wir Religion in der Regel überhaupt nicht, allen Beteuerungen einzelner Vertreter der unterschiedlichen Religionen zum Trotz, dass ihre Religion allenfalls irrtümlich oder missbräuchlich als Anstiftung zur Gewalt verwendet werden könnte. Denn wer hat die Deutungshoheit über eine bestimmte Religion oder gar Religion an sich?

Der evangelische Theologe und Philologe Friedrich Daniel Ernst Schleiermacher hat vor 200 Jahren Religion als „Sinn und Geschmack für das Unendliche" beschrieben (1799/1999, 212), eine Erklärung, die sich gerade in unserem Zusammenhang als hilfreich und weiterführend erweisen kann. Wie dieser Sinn kultiviert werden kann, welche Geschmacksrichtung er einschlägt und – um das Bild möglicherweise überzustrapazieren – welchen Nachgeschmack Religion in der Außenwahrnehmung hinterlässt, wird unterschiedlich wahrgenommen. Und wie über das Vorhandensein von Geschmack in anderen Zusammenhängen, so lässt sich auch über das Vorkommen von Religion trefflich und mit unsicherem Ausgang streiten. Haben Tiere Religion? Wenn Elefanten Totenrituale abhalten, ist das Religion? Wenn Schimpansen Steinhaufen ansammeln, die keinerlei praktischen Zweck zu haben scheinen, und dann vor diesen Steinhaufen verharren wie in stummer Andacht, ist das Religion? Wenn ein Gorilla in Gebärdensprache den Ort der Toten als dunkle Höhle beschreibt, dem Zugang der Lebenden entzogen, doch mit Blick auf ein Wiedersehen, ist das Religion?[1] Bevor wir uns die Frage stellen, müsste geklärt sein, worum es sich bei Religion handelt, wodurch sie definiert wird – ein Lackmustext für Frömmigkeit gewissermaßen.

Doch meistens werden Tiere im Zusammenhang mit Religion nicht als Subjekte, sondern als Objekte betrachtet, ebenso wie die Ethik der Tier-Mensch-Beziehung meistens die ethischen Entscheidungen allein auf der Seite des Menschen lokalisiert. Wo Entscheidungen über Tiere getroffen werden, würde man mithin eine Tierethik erwarten.

An den Entscheidungen über Leben und Tod vieler Tiere wirkt in Deutschland unter anderem die Tierversuchskommission mit. Es fehlt jedoch eine Ethikkommission, wie sie bei Menschenstudien verpflichtend ist. Von allen deutschen Bundesländern ist nur in Berlin jeweils eine Ethikerin oder ein Ethiker in der Tierversuchskommission.[2] Nach Meinung des Gesetzgebers stehen Tiere offenbar außerhalb der Ethik. Andererseits geraten, was Nutztierhaltung betrifft,

---

1 Vgl. URL: http://www.zeit.de/2005/20/A-Tiere/seite-5; Zugriffsdatum: 19. 09.2017.

2 In den Tierversuchskommissionen der Schweizer Kantone sind in Zürich Ethiker als Fachvertreter in der Tierschutzkommission vertreten, in Bern nicht; über die Zusammensetzung der Kommissionen in den anderen Kantonen konnte ich nichts in Erfahrung bringen. Für Grundsatzfragen ist die Eidgenössische Kommission für Tierversuche des Bundesamtes für das Veterinärwesen zuständig.

gerade in letzter Zeit immer wieder auch ethische Fragen ins Blickfeld nicht nur der Feuilletons. Die Bundeszentrale für politische Bildung nahm das Buch der Philosophin Hilal Sezgin *Artgerecht ist nur
die Freiheit* (2014) in die Liste der Veröffentlichungen auf, die man
dort kaufen kann. Ist Tierethik damit politisch relevant geworden?
In den Blick der Öffentlichkeit geraten Tiere vor allem dann, wenn
Massentierhaltung und die Kritik daran thematisiert werden. Neben
Fragen der Rentabilität treten immer öfter auch Fragen der Ethik auf,
wenn es um unser Verhältnis zu nichtmenschlichen Tieren geht. Der
Gesetzgeber erlaubt das Töten von Wirbeltieren nur „mit vernünfti-
gem Grund". Die Rechtswissenschaftlerin Alexandra Krämer erör-
terte in ihrer Dissertation über Tierschutz und Strafrecht (2011), dass
eigentlich auch das Töten von Tieren zum Zweck der Nahrungsge-
winnung vor diesem Hintergrund dahingehend überprüft werden
müsste, ob es als hinreichend vernünftiger Grund angesehen werden
könne, denn Tiere zu essen sei weder vernünftig noch unvermeid-
lich.

Andererseits haben wir zuletzt gesehen, dass Gerichte in
Deutschland das Töten von Tieren sogar dann als gerechtfertigt ansehen, wenn es um wirtschaftlichen Gewinn geht und Tiere in ihrer
bloßen Existenz – wie männliche Küken von Legehennenrassen –
zum Störfall im Getriebe der Produktion würden. Die aktuelle Rechtsprechung erlaubt, dass diese Küken nach wie vor mit Billigung des
zuständigen Ministers wie der höchsten deutschen Gerichte als Ein-
tagsküken vergast oder geschreddert werden dürfen, nur weil sie un-
vermeidbare, aber unerwünschte Nebenprodukte im Kreislauf der
Produktion von Hühnereiern sind. Die drohenden finanziellen Ver-
luste, die den menschlichen Hühnerhaltern ins Haus stünden, würden
sie die Praxis des Kükentötens beenden (und etwa auf das Zweinut-
zungshuhn um- oder aus der Eierproduktion aussteigen), werden als
hinreichender Grund angesehen, millionenfach geschlüpfte Küken
am ersten Tag ihres Lebens zu töten.[3] Ethische Gesichtspunkte

---

3 Vgl. z.B. URL: https://www.nzz.ch/feuilleton/zeitgeschehen/eintagskueken-
   toeten-schluepfen-fuer-den-schredder-ld.84505; Zugriffsdatum: 18.09.02017;
   für einen rechtswissenschaftlichen Kommentar vgl. Stucki (2016).

WEITERER BEITRAG

scheinen bei dieser Entscheidung keine Rolle gespielt zu haben, auch wenn sich alle Beteiligten darüber einig waren, dass es das Ziel sein sollte, die Praxis des Kükentötens überflüssig zu machen. Ethik ist im Stande, für ein diffuses Unbehagen zu sorgen, aber eindeutige Maßstäbe setzt sie nicht. Geht das auch anders?

2. Mögliche Grundlagen und Funktionen einer theologischen Tierethik

Ethik – was ist Ethik überhaupt, außer einer Teildisziplin der systematischen Theologie? In einem der wissenschaftlichen Standardlexika der Theologie wird sie definiert:

> „»E.« (oder »Moralphilos.«) bez. seit Aristoteles ein Theorieunternehmen (η'θικη` θεωρι΄α: a.po.89b9). Sein Gegenstand wird eng oder weit bestimmt: Kriterien des richtigen Handelns, richtiges Handeln, sittliche Lebensführung, Moral (Teil des Zusammenlebens neben Kunst, Rel., Wissen etc.), das Ethos."[4]

Einen Artikel „Tierethik" wird man hier wie auch im Lexikon für Theologie und Kirche (LThK) vergeblich suchen. Zufall?

In den Arbeiten christlicher TheologInnen der letzten Jahrzehnte wird immer wieder kritisiert, dass nichtmenschliche Tiere in der theologischen Ethik keinen Platz hätten – wie das berühmte Bild von Albert Schweitzer zeigt. Erich Gräßer und viele andere sind ihm darin gefolgt. Ändern konnten sie nichts. Nicht selten endet theologische Tierethik bei dem Minimalkonsens, es gehe nicht um einzelne Lebewesen, sondern um die Erhaltung der Tierarten als Geschenk Gottes an die Menschheit und um die Erhaltung der Schöpfung, und darum sei Massentierhaltung einzugrenzen – eine Haltung, bei der oft christliche mit islamischen TheologInnen und den VertreterInnen weiterer Religionen übereinstimmen.

Dem bedeutendsten evangelischen Theologen des 20. Jahrhunderts, Karl Barth, zufolge gibt es für eine theologische Ethik weder

---

4   Herms (2015). URL: http://dx.doi.org.830288295.erf.sbb.spk-Berlin.de/10.1 163/2405-8262_rgg4_COM_04670; Zugriffsdatum: 18.09.2017.

zeitlose Wahrheiten noch ein festgeschriebenes Programm. Vielmehr geht es um das richtige Handeln im Hier und Jetzt, für das der/die Theologe/in „in der [...] konkreten Situation neue und mögliche Konsequenzen des Evangeliums" fordert (Ficker Stähelin 2006, 144).

Bei ethischen Fragen geht es durchaus auch ohne Theologie. Karl Barth erklärte, dass Ethik „nicht von Haus und nicht selbstverständlich gerade theologische Ethik" sein müsse (Barth 1973, 30). Für ihn ist Ethik „die wissenschaftliche Selbstprüfung der christlichen Kirche hinsichtlich der Frage, wie sie in ihrem Tun und in ihrer Ordnung dem Inhalt der eigentümlichen Rede von Gott entsprechen kann" (Ficker Stähelin 2006, 135). Theologie geht also nicht ohne Ethik. Aber geht es nicht bei der Theologie und damit auch bei der theologischen Ethik zuerst und vor allem oder gar einzig und allein um den Menschen und nicht um das Tier? Menschen können schlichtweg nicht umhin, mit nichtmenschlichen Tieren Umgang zu haben, ob tot oder lebendig. Die Frage nach dem rechten Umgang mit dem Tier ist gegenwärtig aktueller denn je. Wenn Theologie, wie Karl Barth meinte, von der Frage angetrieben wird: „Was sollen wir tun" (Barth 1925), dann kann Theologie gar nicht umhin, sich der Frage nach dem Verhältnis zwischen Mensch und Tier zu stellen.

Letzten Endes ist das auch eine ihrer Aufgaben. Religion erhielt schon immer die Funktion, das Tier-Mensch-Verhältnis zu bestimmen und zu definieren. Durch die Religion, die er als exklusiv menschlich definiert, grenzt sich der Mensch vom Tier ab, und seine Religion schreibt ihm vor, wie er zum Tier zu stehen hat und wie er es behandeln soll. In den sakralen Texten vieler Religionen finden sich Passagen, in denen der Mensch als zwischen Tier und Gottheit stehend beschrieben wird. Texte aus dem alten Ägypten und aus der klassischen griechischen und römischen Philosophie und Dichtung stellen einheitlich den Menschen über das Tier und preisen den Schöpfer, der die Tiere in die Hand der Menschen gab. Carl Anders Skriver zitierte dazu Herrmann Hesse: „Die unschuldigen Pflanzen und Tiere sind von Gott in des Menschen Hand gegeben, daß er sie liebe und mit ihnen wie schwächeren Geschwistern lebe." (Skriver 1967/1987, 143) Diese Sichtweise ist längst nicht Vergangenheit.

Die einst religiös begründete Gewissheit von der gottgewollten und daher schöpfungsmäßigen Überlegenheit des Menschen, und die dadurch bestimmte Überzeugung, dass es legitim sei, nichtmenschliche Tiere zu nutzen und, wenn dafür ein „vernünftiger Grund" genannt werden kann, sie auch zu quälen und zu töten, gehört nach wie vor zu den Grundüberzeugungen im ethischen Gerüst der meisten Menschen, auch solcher, die sich nicht als religiös orientiert beschreiben würden. Man findet sie in der Argumentation von Vivisektoren wie von Landwirten. Nicht nur die Rede vom christlichen Abendland wird nicht nur immer dann aktuell, wenn es darum geht, sich gegen ein vermeintlich nichtchristliches Morgenland abzugrenzen. Auch die im christlichen Abendland tradierte, religiös begründete Überzeugung von der gottgewollten Überlegenheit der eigenen Art ist tief im kollektiven Unterbewusstsein verankert. Auf die Frage, woher wir uns überhaupt das Recht anmaßen, Tiere zu nutzen, ihnen Leid zuzufügen oder sie zu töten, wenn es unserem Nutzen dient, lautet die Antwort nicht etwa: Weil wir es können. Das wäre ja das Recht des Stärkeren als Argumentationshilfe, und das gilt als nicht akzeptabel. Die Antwort lautet fast immer: Aber sie sind doch für uns da. Wer das gesagt habe? Na, das wisse man doch. Aber halt, wer hat das überhaupt gesagt? Dass wir Menschen zwischen Tier und Gott stehen, tiefer als dieser, höher als jene? Gibt es dafür irgendeine Grundlage, außer den Schriften der Philosophen und Propheten, die dies als Prämisse setzen, als Axiom behaupten?

3. All about us? Anthropozentrismus und Religion

Wenn man Religion evolutionsbiologisch als Hilfsmittel des Menschen versteht, sich seiner eigenen Person und Position in der Welt zu vergewissern und sie als Basis ethischer Werte zu zementieren, von der nicht abgewichen werden kann, ist ihre Wirkungsweise in Bezug auf Menschen deutlich: Indem der Mensch sich einen Gott erfindet, der alles ihm zuliebe geschaffen und gestaltet hat, wertet er sich selbst auf, weiß sich gewollt und geliebt. Sein Vorgehen erinnert dabei ein wenig an den Waisenjungen Bosse aus Astrid Lindgrens phantastischer Erzählung *Mio mein Mio* aus dem Jahr 1954. Mio erträumt sich einen Vater, der König ist und durch dessen Liebe er vom verachteten Pflegekind, das von niemandem geliebt wird und allein ist auf der Welt, zum behüteten und geliebten Prinzen wird. Indem der Mensch sich einen Gott konstruiert, der ihn erschaffen und ihm die Welt zu Füßen gelegt hat, wird er auch zu einer Art Prinz und Fürst über alle Tiere, mit denen er nach Gutdünken – im Idealfall wie ein gütiger Herrscher – verfahren kann.

Der Mensch macht sich so einen Gott, um geliebt zu werden. So wird Religion verwendet, um das Herrschaftsverhältnis des Menschen über die Tiere zu begründen und zu legitimieren, und gleichzeitig verdeutlichen die scheinbar mindere Existenz der Tiere und ihr Unterworfensein unter die Herrschaft des Menschen diesem seine eigene Sonderstellung vor Gott. Durch die Existenz der Tiere wird der Mensch gottähnlicher. Kein Wunder, dass sie in seinem Verhältnis zur Gottheit, seiner Religion immer eine wichtige Rolle spielten.

Aber letzten Endes wird nichts an der Erkenntnis vorbei führen, dass diese Verhältnisbestimmung nichts ist als ein menschliches Konstrukt, eine Annahme, die durch nichts belegbar ist, deren Entwicklung und Unterstützung durch Menschen höchst plausible Gründe hat – und deren Argumentationskette in vielem dem heutigen Stand der Kenntnis, der Natur- wie der Gesellschaftswissenschaften und auch der Theologie nicht mehr entspricht. Wer sagt uns, dass unser Entschluss, uns selbst, unsere eigene Spezies höher einzuschätzen und den Wert jedes ihrer Individuen höher als den Wert jedes anderen Individuums anzusetzen, nicht nur einfach eine willkürliche Annahme von uns selbst ist, auf nichts gestützt und durch nichts belegt, aber wohl begründet durch einen gesunden Egoismus, der evolutionsgeschichtlich die Funktion hat, das Überleben der eigenen Art zu sichern?

Ist der „gute Paternalismus", den viele philosophische und theologische Tierethikerinnen und Tierethiker als Ultima Ratio in unserem Verhältnis zu Tieren ansehen, tatsächlich die ideale Beziehung, die wir im Interesse der Tiere wählen sollen, das beste Modell für nichtmenschliche Tiere, über das wir nicht hinaus können – und es auch gar nicht brauchen? Seiner Intention nach ist Paternalismus grundsätzlich wohlmeinend. Gegenüber Kindern, geistig behinderten oder demenzkranken Erwachsenen ist er angebracht und unvermeidbar. Wie stellt es sich im Verhältnis zu Tieren dar? In prakti-scher Hinsicht, etwa im Verhältnis zu Tieren, die als *companion animals* auf die Versorgung durch uns angewiesen sind, ist der Paterna-lismus, der auf die Bedürfnisse der Tiere wie die von Menschenkin-dern Rücksicht nimmt, sie schützt und ihnen, wo es in ihrem eigenen Interesse sinnvoll ist, Grenzen setzt, durchaus auch sinnvoll, mitun-ter gar ohne Alternative. Doch wie weit darf er gehen? Gibt es nicht auch noch andere Sichtweisen als die der Philosophen, Dichter und Theologen von Altägypten bis Cicero oder von Plato bis etwa zu heutigen Theologen? Wie unvermeidbar ist Anthropozentrismus und Speziesismus in der Ethik?

Anthropozentrismus als Perspektive ist nicht leicht zu vermeiden. Er impliziert nicht nur das Bemühen, den Menschen ins Zentrum des Denkens und Seins zu stellen, sondern kann schlicht und einfach die Perspektive beschreiben, aus der heraus der Mensch die Welt und die anderen Geschöpfe darin wahrnimmt. Als Perspektive ist er al-ternativlos, denn die Perspektive Gottes können wir so wenig ein-nehmen wie die der anderen Tiere: nicht die Perspektive Gottes, weil wir nur glauben können, nicht aber beweisen können, dass es ihn gibt, geschweige denn ahnen, wie es wäre, Gott zu sein. Der Ver-such, Gottes Willen zu tun, setzt zwar das Bemühen voraus, sich in Gott hineinzuversetzen – wir wissen aber nur zu gut, zu welch un-terschiedlichen Taten die Annahme, damit Gottes Willen zu erfüllen, Menschen schon gebracht hat. Aber auch die Perspektive der Tiere bleibt uns fremd, sogar dann, wenn wir ihre Augen durch Kameras ersetzten. Nicht einmal dann, wenn wir ihre Hirne aufbohrten, Drähte hineinschöben und sie sezierten, würden wir je erfahren, was das andere Tier dabei denkt und fühlt.

Was die Befähigung zur Religion betrifft, die wir den anderen Tieren ebenso abgesprochen haben wie Werkzeuggebrauch oder Kultur, so gehe ich wie nicht wenige andere Theologinnen und The-ologen (und einige Stellen im Alten Testament), aber auch die mo-derne Biologie davon aus, dass nichtmenschliche Tiere dazu nicht minder fähig sind als wir. Der britische Theologe Stephen Clark ver-mutet sogar, dass Tiere vielleicht sogar einen besseren Zugang zur

Religion haben als wir (Clark 2013). Doch beweisen können wir das nicht.

4. Rationale Ethik als zeitgemäße Alternative

Gibt es Alternativen zur anthropozentrischen Sichtweise? Anders gefragt: Muss die menschliche Sichtweise, die des *anthropos*, notwendigerweise anthropozentrisch sein? Einige Philosophen und Theologen schlagen als alternativen Ausgangspunkt eine Debatte über den Wert des Lebens und die Würde der Tiere vor, so dass die tierliche Existenz auch jenseits einer rein biologischen Leidensfähigkeit, wie sie der Pathozentrismus zum Kriterium erhebt, in den Blick genommen und der Existenz des Tieres an sich Wert beigemessen werden muss und wir dem Tier so eine Würde zuschreiben können, die sich nicht an rein organischen Funktionen festmachen lässt.[5] Dieser Neuansatz ist dabei selbst nicht unproblematisch, denn indem wir uns so dem Tier an sich[6] nähern (wobei auch hier mit Carl Anders Skriver zu fragen wäre, wer oder was „das Tier an sich" überhaupt sei), aufhören, in speziesistischer Manier seinen Wert durch den Grad seiner Ähnlichkeit mit uns zu bestimmen und ihm stattdessen eine eigene, menschenunabhängige Würde zuschreiben, fallen wir doch erneut in die Falle eines Speziesismus, der diesmal verborgen und so noch viel subtiler daherkommt – sind doch Würde und intrinsische Werte zutiefst menschliche Kategorien, Begriffe, die primär und paradigmatisch auf Menschen angewendet werden. Dem nichtmenschlichen Tier Würde zuzuschreiben, kann ebenso gut würdevolles Schlachten einschließen, wie im Gegensatz dazu auch die Gewährung von Leben und Autonomie damit gemeint sein kann.

Die Grenze des philosophischen Anthropozentrismus ist klar gesetzt: Wir können nicht anders als als Menschen denken, sehen, fühlen und sprechen. Das Äußerste, was wir tun können, ist uns diese

---

5 Für den Wert des individuellen Tierlebens, das daher ein Recht auf Fortführung dieses Lebens hat, plädierte etwa Tom Regan (vgl. Regan 1983/2004); die Würde des Tiers betonten in jüngster Zeit vor allem katholische Theologen wie Michael Rosenberger (vgl. 2012).
6 Vgl. Grimm & Otterstedt (2012).

WEITERER BEITRAG

Grenze bewusst zu machen und ihrer eingedenk zu bleiben: Ich denke immer nur als ich selbst, mit meinen individuellen Erfahrungen, meinen persönlichen und meinen denkerischen Möglichkeiten. Die Ergebnisse des Nachdenkens sind naturgemäß von der denkenden Person abhängig. Niemand kann seine eigene Identität als menschliches Tier vollkommen ausblenden und neutral über menschliche und nichtmenschliche Tiere nachdenken. Wenn wir über uns und die anderen Tiere nachdenken, sind wir nie unparteiisch. Zu behaupten, dass es ein rein rationales Denken geben könne – unpersönlich, quasi das Denken an sich, das an keine bestimmte Person gebunden ist, ein absolut neutrales Denken also, das diese Individualität und Identität des Denkenden vollkommen ausblendet –, ist eine Fiktion oder hehre Selbsttäuschung. Damit ist auch die Existenz einer vermeintlich rationalen und allgemeingültigen Ethik ausgeschlossen, die womöglich naturwissenschaftlich basiert wäre und die zu dem unausweichlichen Schluss führen müsste, dass Tierausbeutung abgeschafft werden müsse. Der Beweis für die Nichtexistenz einer solchen rationalen Ethik liegt auf der Hand – beziehungsweise täglich vor aller Augen, wenn wir die Fleischtheken, die Käseregale, die Pelzläden und die Tierversuchslabore betrachten, in denen die Menschen unserer Gesellschaft, deren Wertesystem mehrheitlich nicht mehr religiös, sondern vermeintlich rational aufgebaut ist, das Ergebnis ihrer rationalen Ethik für Tiere demonstrieren. Alles, wohin uns eine rationale Ethik seit der Aufklärung gebracht hat, ist eine bessere, weil perfektionierte Tierausbeutung, die grausamer – und zugleich rationaler und rationeller – ist als alles, was Tiere zuvor je durch Menschenhand erleiden mussten.

Was also wäre gewonnen, wenn Menschen sich selbst als rein rational und neutral Denkende begriffen und so nichts als einer naiven, anthropozentrischen Selbsttäuschung erlägen? Letzten Endes kämen wir damit dort an, von wo die Philosophen der Antike ausgegangen sind, um das Verhältnis Mensch-Tier-Gott zu bestimmen, und sich dabei selbst allein im Besitz der Denkfähigkeit, des Verstandes und des Bewusstseins wähnten und als Konsequenz daraus die menschliche Perspektive als die einzig richtige nie in Frage stellten. Aus einer Perspektive des unhinterfragten Anthropozentrismus – der

Mensch, oder noch enger gezogen: der Mensch, der genau meiner Meinung und meinen Anschauungen entspricht (also letzten Endes ich selbst) als Maß und Mitte der Welt – geraten andere Positionen erst gar nicht ins Blickfeld. Dies ist eine Gefahr, vor der auch TierrechtlerInnen nicht gefeit sind, wenn sie sich im Besitz einer rationalen Ethik wähnen, deren nähere Bestimmungen dessen, was dieser rationalen und für alle Lebewesen gültigen Ethik entspricht, von ihnen selbst definiert werden.

5. Versuch einer theologischen Ethik

Während die Ausgangspunkte einer vermeintlich rationalen Ethik immer zutiefst anthropozentrisch sind, könnte eine theologische Ethik einen anderen Ausgangspunkt wählen, der versuchsweise theozentrisch genannt werden könnte. Um vom Beginn der gemeinsamen Geschichte von menschlichen und nichtmenschlichen Tieren auszugehen: Wäre es denkbar – und was wären die Konsequenzen –, dass Gott die Tiere nicht um unseretwillen erschaffen hat, sondern um ihrer selbst willen? Die biblischen Erzählungen sind darin eindeutig: Sie sind vor uns erschaffen worden, und – etwas, worin die islamische Theologie mit der christlichen übereinstimmt (vgl. Wannenmacher 2017): Sie preisen den Schöpfer, haben ein eigenes Gottesverhältnis und eine eigene, von uns unabhängige Existenzberechtigung. Und um die Geschichte der Genesis einmal weiterzudenken: Wie, wenn die Tiere beim Hinauswurf aus dem Paradies nicht, ähnlich wie ein Haustier zusammen mit dem säumigen Mietzahler auf die Straße gesetzt wird, und nur, weil sie ohne uns kein Existenzrecht haben, aus dem Paradieses vertrieben wurden, sondern um ihrer eigenen Verfehlungen willen? Wie, wenn man die biblischen Texte endlich so verstünde, dass sie hier deutlich machen, dass Tiere wie Menschen ein eigenes Gottesverhältnis haben, *moral agents* sind? Kein seelenloses Wesen, das nach Instinkten handelt und so etwas wie einen freien Willen nicht kennt? Nicht nur Staffage, die Möbel in unserer schönen Welt, wie Steine und Pflanzen? Und gar: wie, wenn sie am Ende nicht nur, um uns dort vor himmlischer Langeweile zu retten, sondern um ihrer selbst willen ins himmlische Paradies eingehen werden? Wäre das das Ende einer speziesistischen Theologie – und die Grundlage für eine theologische Tierethik, in der tierliche Individuen ebenso berücksichtigt werden müssen wie menschliche, als schöpfungsunmittelbar, erlösungsfähig, erlösungsbedürftig? Wie, wenn der Nächste, den Christinnen und Christen so lieben sollen wie sich selbst, auf einmal nicht nur menschlicher Natur wäre?

6. Ist Gott speziesistisch?

Ist eine solche speziesismusfreie Religion überhaupt denkbar? In einigen Religionen gibt es Ansätze dazu. Der britische Theologe David Clough hat sich die biblischen Texte einmal genauer daraufhin angeschaut und stellt fest, dass sich entgegen der jahrhundertealten Tradition der Kirche in den theologischen Kernsätzen eigentlich Erstaunliches findet (Clough 2012). Wenn wir die speziesistische Brille absetzen, erkennen wir deutlich, dass sich das Heilshandeln des darin beschriebenen Gottes nicht nur auf Menschen erstreckt.

Doch nicht nur, dass er die Tiere zuerst erschaffen hat. Manche wundern sich, warum Gott die unschuldigen Tiere in der Sintflut mit untergehen ließ.[7] Aber waren sie das – unschuldig? An der entsprechenden Textstelle, die den Ratschluss Gottes beschreibt, wird durchaus nicht nur das Verhalten der Menschen kritisiert, sondern aller, die auf der Erde leben.[8] Das Verhalten der Tiere, unserer älteren Mitgeschöpfe, wird in der Bibel nicht nur an dieser Stelle als vor Gottes Augen ebenso relevant wie unser eigenes beschrieben. Sie sind *moral agents*, ebenso wie wir. Ebenso wie wir sind sie erst erschaffen und dann nach dem Sündenfall aus dem Paradies vertrieben worden. Wie wir sind sie vor Gott fehlbar. Sie haben einen freien

---

7 So z.B. Colin Goldner in seinem Artikel „Tierrecht und Religionskritik" für den humanistischen Pressedienst: „[...] die Frage, weshalb Gott in seiner Strafaktion überhaupt Tiere tötet, die sich, anders als die Menschen, in keiner Form ‚versündigt' hatten, bleibt unbeantwortet." URL: https://hpd.de/artikel/tierrecht-und-religionskritik-13642; Zugriffsdatum: 19.09.2017.

8 Gen. 6,12–13: „Da sah Gott auf die Erde, und siehe, sie war verderbt; denn alles Fleisch hatte seinen Weg verderbt auf Erden. Da sprach Gott zu Noah: Das Ende allen Fleisches ist bei mir beschlossen, denn die Erde ist voller Frevel von ihnen; und siehe, ich will sie verderben mit der Erde."

Willen, sich zu entscheiden, und ihr Handeln zählt vor Gott ebenso wie das unsere.

Die Sünde als das letzte Anthropinon ist gefallen. Merkwürdigerweise findet sich diese Überlegung in keinem der bisherigen Entwürfe christlicher TheologInnen. Die oft zitierte kreatürliche Unschuld der Tiere scheint ein unumstößlicher Glaubenssatz zu sein; gerade TierfreundInnen halten viel von der unbedingten Unschuld und charakterlichen Reinheit von Tieren, die sie gern als unfähig zum Bösen und darum uns Menschen moralisch überlegen betrachten. Doch was hindert uns daran, das augustinische *non posse non peccare* (Augustinus 415/1913, 275), das den Zustand der Menschen nach dem Sündenfall beschreibt, auch auf Tiere auszudehnen? Sind wir wirklich die einzigen Lebewesen, die sich zwischen Gut und Böse entscheiden können, nur weil wir uns die Definitionshoheit darüber anmaßen, was das Gute und was das Böse gerade sei?

Sprechen wir damit Tieren mit der Entscheidungsfreiheit, gut oder böse zu handeln, nicht auch Charakter, Individualität, Bewusstsein ab – alles Eigenschaften, von denen wir längst wissen, dass Tiere über sie verfügen können, ebenso wie wir? Tiere als von kreatürlicher Unschuld darzustellen, völlig unfähig zum Bösen, beraubt sie ihrer Individualität und lässt sie uns letzten Endes nicht anders ansehen als Nicholas Malebranches Tierautomaten – Wesen, die ihren Instinkten folgen wie auf Knopfdruck und nicht für ihr Handeln verantwortlich zu machen sind.

Das ausgehende Mittelalter schien hierin schon weiter, wenn man bei Tierprozessen Tiere als ausdrücklich für ihr Handeln moralisch verantwortlich sah und sie für die Tötung eines Kindes wie einen Menschen hinrichtete (vgl. Fischer 2005) oder auch Hunde wegen der Rettung eines Kindes aus Todesnot als heilig ansehen konnte (vgl. Schmitt 1982). Aber ist es wirklich sinnvoll, ausgerechnet in der Frage der Schuldfähigkeit nichtmenschlicher Lebewesen einem cartesischen Dualismus zu folgen, der Tiere als instinktgeleitet und ohne Bewusstsein und damit auch ohne Schuldfähigkeit ansehen will?

Nach der Sintflut erlaubt Gott den Menschen das Töten von Tieren, ausdrücklich als Konzession an die Bosheit des Menschen. Das christliche Paradies hingegen ist, soviel steht fest, vegan: Gott schuf weder Versuchskaninchen noch Milchkühe oder Mastschweine. Sie sind Produkte einer postlapsarischen Welt, in der Menschen und Tiere mit Leid und Tod konfrontiert werden und selbst auch zur Ursache von Leid und Tod anderer werden. Die Frage der Schuldfähigkeit ist dabei nicht kategorisch, sondern graduell zu sehen. Natürlich wird man den Löwen nicht für den Tod der Gazelle zur Rechenschaft ziehen, die Katze für den Tod der Maus, auch wenn der Tod der Beutetiere für diese das größte Leid bedeutet.

Auch beim Menschen ist – das hat schon viele Gerichte beschäftigt – die Frage der Schuldfähigkeit nicht immer einfach zu beantworten. Ab wann und in welchem Umfang ist ein Kind oder Jugendlicher schuldfähig? Vermindert oder erhöht Drogenkonsum die Schuldfähigkeit? Welche Rolle spielen psychische Ausnahmezustände? Über solche und viele andere Fragen herrscht auch heute keineswegs Einigkeit, noch weniger, wenn man in die Vergangenheit blickt.

Generell gilt, dass wir alle im Lauf unserer Leben nicht nicht schuldig werden können. Traditionelle Theologie nannte das Erbsünde (vgl. Augustinus 415/1913, 275) und begrenzte es allein auf den Menschen, der darum auch allein von allem Bösen erlöst werden müsse. Aber ist wirklich nur der Mensch der Erlösung von allem Bösen – auch seinem eigenen – bedürftig?

Noch ausdrücklicher als die Schöpfung ist auch die Erlösung zum ewigen Heil keine exklusiv menschliche Angelegenheit. In einem der theologisch relevantesten Texte des Neuen Testamentes beschreibt Paulus die Sehnsucht aller Geschöpfe nach der Erlösung[9] –

---

9 Röm. 8,18–22: „Denn ich bin überzeugt, dass dieser Zeit Leiden nicht ins Gewicht fallen gegenüber der Herrlichkeit, die an uns offenbart werden soll. Denn das ängstliche Harren der Kreatur wartet darauf, dass die Kinder Gottes offenbar werden. Die Schöpfung ist ja unterworfen der Vergänglichkeit – ohne ihren Willen, sondern durch den, der sie unterworfen hat –, doch auf Hoffnung; denn auch die Schöpfung wird frei werden von der Knechtschaft der Vergänglichkeit zu der herrlichen Freiheit der Kinder Gottes. Denn wir wissen, dass die ganze Schöpfung bis zu diesem Augenblick mit uns seufzt und sich ängstet."

und auch hier sind, so schon der Theologe Erich Gräßer (Gräßer 1990) wie zuletzt auch David Clough, eindeutig nicht nur die Menschen gemeint. Die Position der Theologen ist dabei die des klassischen Tierschutzes: Alles Böse, wovon die Tiere erlöst werden müssen, sind wir, da sie selbst ja zu keiner Schuld fähig sind. Viele TierrechtlerInnen gut bekannte Zitate beschäftigen sich damit, wie viel Böses wir Menschen den Tieren angetan haben und wie unmöglich es ist, dies wiedergutzumachen.[10]

Wir übersehen damit das Leid, das Tiere auch ohne uns erfahren, Leid durch Krankheit, Hunger oder durch andere Tiere. Folgen wir hier nicht auch wieder nur unserer Neigung, uns selbst zu überhöhen, unsere Rolle im Leben und im ewigen Fortleben der Tiere zu überhöhen? Es ist zutiefst anthropozentrisch anzunehmen, im Paradies erwarteten uns unsere geliebten Tiere nur, damit wir sie nicht länger vermissen.

Aber ist es nicht ebenso anthropozentrisch anzunehmen, dass Tiere nur deshalb ins Paradies kommen, damit an ihnen wiedergutgemacht werden kann, was wir ihnen angetan haben? Wären sie damit nicht immer noch nur eins: Staffage? Sind Tiere wirklich nur unsere Gefährten, die für uns geschaffen sind, die unschuldig mit uns in der Sintflut leiden und unschuldig von uns gequält werden und an denen erst im Himmel wiedergutgemacht wird, was wir ihnen angetan haben? Sind sie nicht vielmehr, wenn wir die Texte des Alten und Neuen Testaments ernst nehmen, um ihrer selbst willen geschaffen, um ihrer selbst willen in der Sintflut untergegangen, und werden sie nicht ebenso wie wir um ihrer selbst willen erlöst?

In einer Theologie ohne anthropozentrische Scheuklappen wird klar: Himmel und Hölle, Paradies und Jenseits gehören nicht nur uns.

7. Das Ende des Speziesismus

Die Möglichkeit, dass dies so sei, hat der Philosoph Michel de Montaigne bereits im 16. Jahrhundert angedeutet (und folgt darin antiken

---

10 Ein Beispiel ist der Mark Twain zugeschriebene Satz: Wir werden in Ewigkeiten nicht mehr gut machen können, was wir den Tieren angetan haben (im Werk Twains konnte ich diesen Satz allerdings bisher nicht finden).

Vorbildern). Er vergleicht uns mit einer jungen Gans, die durchs Leben spaziert und sich freut, dass Gott alles – den Wind, das Getreide, den Menschen – ihr zuliebe und zum Willen erschaffen hat (Montaigne 1580/1992, 224–226). Uns schiene die Gans naiv. Aber sind wir so viel anders?

In den Augen Gottes wäre unser naiver, selbstsüchtiger und selbstherrlicher Paternalismus, den ChristInnen nichtmenschlichen Tieren gegenüber mitunter an den Tag legen, vielleicht nicht viel anders als die naive, egozentrische Weltsicht der jungen Gans. Ihre Weltsicht, und damit auch ihr Gottesbild, lässt sich mit unserem vergleichen, das dem Bestreben geschuldet ist, die eigenen Herrschaftsbestrebungen und Machtausübungen durch eine höhere Instanz von außen legitimiert zu bekommen, weil wir ja höher stehen als die Tiere – so als gäbe man uns damit die Lizenz zum Töten.[11]

Dabei wäre eine Ablösung dieser Weltsicht weder unmöglich, noch müsste es die Selbstachtung der Menschen beinträchtigen, wenn Tiere in der Schöpfungsordnung auf einmal mit uns auf einer Stufe stünden. Es ist schließlich noch gar nicht lange her, dass die Herrschaft des Mannes über die Frau oder die vermeintliche Überlegenheit hellhäutiger Menschen über andere mit ebensolchen biblischen Argumenten aufrechtzuerhalten versucht wurde und Forderungen nach der Gleichberechtigung aller Menschen mit dem Hinweis auf gottgewollte Herrschaftssysteme als unchristlich abgewiesen wurden. Heute käme niemand mehr auf die Idee, die Unterdrückung von Frauen oder Menschen anderer Hautfarbe als unserer eigenen als gottgewollt zu bezeichnen.

Der Philosoph Gary Steiner gibt zu bedenken, dass wir ebenso, wie wir schon gelernt haben, aus Rücksicht auf andere Menschen unsere eigenen Bedürfnisse und Wünsche nicht rücksichtslos auszuleben, dies nun auch in Bezug auf Tiere lernen sollen. Unsere Sicht

---

11 Auch der Philosoph Gottfried Wilhelm Leibniz vermutet, dass Gott durchaus auch an den Löwen denkt, und verurteilt die Überheblichkeit des Menschen als „Überbleibsel des alten, so verrufenen Satzes, wonach alles nur für den Menschen geschehen sei" (vgl. Leibniz 1710/2017, 159).

auf Tiere vergleicht er mit der Wahrnehmung von Sklaven oder Angehörigen indigener Völker in früheren Jahrhunderten: Nicht, dass wir nicht wussten, dass sie leiden. Aber ihr Leiden zählte nicht, weil sie keine Mitglieder unserer Gesellschaft waren. Darum brauchten wir auch kein Mitleid zu haben (Steiner 2015, 329–338).

Dieselbe Argumentationsweise können wir auch in der Rechtsgeschichte verfolgen: Als sich im 19. Jahrhundert der erste Angehörige der First Nations, der Ponca-Indianer Standing Bear (1829–1908), vor einem amerikanischen Gericht auf die Magna Charta berief, die das Recht auf Bewegungsfreiheit garantiere, sagte man ihm zunächst, dass dieses Gesetz für weiße Engländer geschaffen worden sei, nicht für Indianer. Obwohl er die gleichen Wünsche und Bedürfnisse hatte wie ein Nichtindianer, sollte er dennoch nicht die gleichen Rechte erhalten (Dando-Collins 2005).

Ähnlich wie Standing Bears Anwälte argumentieren gegenwärtige Tierrechtsanwälte, wenn sie den Habeas-Corpus-Grundsatz auf Menschenaffen erweitert sehen wollen, und sie wurden bis vor kurzem mit einer gleichartigen Begründung abgelehnt, wie dies Standing Bear zunächst widerfuhr: das Gesetz sei nur für Menschen geschaffen, nicht für Tiere. Orang-Utan Sandra[12] und Schimpansin Cecilia[13] ist inzwischen von zwei Gerichten in Lateinamerika zugesprochen worden, dass ihr Anspruch auf größtmögliche Freiheit und Selbstbestimmung entsprechend dem Habeas-Corpus-Grundsatz zu Recht besteht. Religionen, die uns darin bestätigen, dass nur bestimmte Gruppen von Lebewesen – Weiße, Männer oder Menschen – moralisch zählen, die uns eine selektive Befähigung zum Mitgefühl und damit die Beschränkung von Rechten auf unseresgleichen ermöglichen, bestärken uns in diesem egoistischen Verhalten. Dabei

---

12 Zum Fall Sandras aus dem Jahr 2014 vgl. URL: http://www.derechoanimal. info/images/pdf/GFB-Habeas-Corpus-Sandra.pdf; Zugriffsdatum: 19.09. 2017.

13 Zur ausführlichen Begründung des Urteils im Fall Cecilias, ergangen am 03.11.2016, vgl. URL: http://ciudadanodelmundo-capa.blogspot.ch/2016/11/ el-habeas-corpus-de-cecilia.html; Zugriffsdatum: 19.09.2017.

wissen wir längst, dass es falsch ist und dass eine Religion, die Herrschaftsverhältnisse zementiert und Ausbeutung legitimiert, im besten Fall missbräuchlich verwendet wird, wie Gary Francione beschreibt und vermutet, dass mit dem Ende der Religion keinesfalls auch das Ende aller Gewalt gekommen sein würde:

„Ein Teil der Anziehungskraft der modernen Atheisten ist es, dass wir alle, auch frühere Anhänger einer Religion, der Gewalt müde sind und des Hasses, der Vorurteile, der Diskriminierung, der Kriege, des Materialismus, all dessen, was von einigen institutionalisierten Religionen vertreten oder betrieben wird. Diesen Hass und diese Gewalt abzulehnen, ist unbedingt richtig.

Viele Tierrechtler weisen darauf hin, dass die religiösen Traditionen des Christentums, des Judentums und des Islam benutzt wurden, um Speziesismus und Tierausbeutung zu rechtfertigen. Einige Tierrechtler lehnen aus diesem Grund religiöse Überzeugungen [...] grundsätzlich ab. Aber vielleicht sollten wir bedenken, dass die tatsächliche Ursache nicht die religiöse Überzeugung selbst ist, sondern die Gewalt, die – ob zu Recht oder Unrecht – einige dieser religiösen Traditionen rechtfertigen sollten. Wenn wir uns von allen Vorstellungen eines Gottes oder jeder Religion befreien, heißt das Ergebnis nicht notwendigerweise Frieden, Liebe und Gerechtigkeit. Säkulare Institutionen sind schließlich ebenso gut darin, Gewalt anzuwenden und zu rechtfertigen."[14]

---

14 "Part of the attraction of the New Atheists is that everyone, including those who may once have embraced a traditional religion, is sick and tired of the violence – the hatred, prejudice, discrimination, wars, materialism, etc. – that is promoted by some institutionalized religions. Rejecting that hatred and violence is a good thing.
Many animal advocates correctly note that traditions such as Christianity, Judaism, and Islam have been interpreted to justify speciesism and animal exploitation. This had led a number of these advocates to declare themselves as hostile to spiritual beliefs or to the notion of objective moral truth. But perhaps we ought to consider that the real culprit here is not spiritual or religious belief per se, but the violence that some of these traditions have been interpreted, rightly or wrongly, to promote." (Gary Francione. *New Atheism, Moral Realism, and Animal Rights: Some Preliminary Reflections.* Blog-Artikel vom

8. Ein neuer Anfang

Eine anthropozentrische, speziesistische Religion, die nichtmenschliche Lebewesen aus dem Kreis derer ausschließt, die moralische Berücksichtigung erfahren dürfen, ist ein menschengemachtes Konstrukt, das den menschlichen Egoismus religiös begründet, ihn spirituell verbrämt und als ethisch rechtfertigt. Wir können natürlich damit fortfahren, Tiere lediglich als Staffage des Puppenhauses zu sehen, in das Gottvater uns, seine Lieblingskinder, gesetzt hat, um Tiere wie Spielzeuge nach unserem Gutdünken zu verwenden, ethisch eingeschränkt höchstens durch die Grundsätze eines guten Paternalismus: „Geh bitte gut mit deinem Spielzeug um, es ist schließlich ein Geschenk von mir, und wenn du es kaputt gemacht hast, bekommst du kein neues." Aber eine Theologie, die das zulässt, wäre nichts als der selbstsüchtige, kindische Wunschtraum einer nicht existenten Prinzenrolle, ähnlich wie Astrid Lindgrens *Mio mein Mio*, der allerdings keine Tiere vor seinem königlichen Vater herabwürdigen muss, nur um sich selbst aufzuwerten.

Es ist Zeit, aus diesen Träumen aufzuwachen. Wenn wir die biblischen Texte neu lesen würden, ohne die speziesistische Brille, könnten wir endlich die anderen Tiere als unsere älteren Mitgeschöpfe sehen, die mit uns geschaffen wurden, die mit uns aus dem Paradies vertrieben worden sind und mit uns auf die Erlösung warten. Es ist Zeit für die theologische Ethik, erwachsen zu werden, aus dem Traum von Gottes Lieblingskind aufzuwachen, und Zeit für eine speziesismusfreie Theologie. Vielleicht – wenn wir aufhörten, Tiere als Objekte der Theologie und Ethik zu betrachten, und die theologische Ethik menschliche und nichtmenschliche Tiere als gleichermaßen schöpfungsunmittelbar und erlösungsfähig und -bedürftig erkannt hat, auf gleicher Stufe mit uns – brauchen wir gar keine theologische Tier-Ethik mehr.

05.04.2012. URL: http://www.abolitionistapproach.com/new-atheism-and-animal-ethics-some-reflections/; Zugriffsdatum: 19.09.2017.
Übersetzung ins Deutsche durch die Verfasserin.

WEITERER BEITRAG

Literatur

Aurelius Augustinus (415/1913). De natura et gratia. In J. Zycha & C. F. Urba (Hrsg.), *CSEL (Corpus Scriptorum Ecclesiasticorum Latinorum)*, Vol. 60. Wien: F. Tempsky.

Barth, K. (1925). Das Problem der Ethik in der Gegenwart. In ders., *Das Wort Gottes und die Theologie*. Gesammelte Vorträge. München: Christian Kaiser Verlag, 125–155.

Barth, K. (1973). Ethik I. In ders., *Gesamtausgabe II*. Akademische Werke, hrsg. v. D. Braun. Zürich: Theologischer Verlag.

Clark, S. (2013). Ask now the Beasts and They Shall Teach Thee. In C. Deane-Drummond, D. L. Clough & R. Artinian-Kaiser (Eds.), *Animals as Religious Subjects: Transdisciplinary Perspectives*. London: Bloomsbury, 15–34.

Clough, D. L. (2012). *On Animals, Vol. 1: Systematic Theology*. London: T&T Clark/Bloomsbury.

Dando-Collins, S. (2005). *Standing Bear is a Person*. New York: Da Capo Press.

Ficker Stähelin, D. (2006). *Karl Barth und Markus Feldmann im Berner Kirchenstreit 1949–1951*. Zürich: Theologischer Verlag.

Fischer, M. (2005). *Tierstrafen und Tierprozesse: Zur sozialen Konstruktion von Rechtssubjekten*. Münster: LIT.

Gräßer, E. (1990). Das Seufzen der Kreatur (Röm. 8,19–22). *Jahrbuch für Biblische Theologie 5*, 93–117.

Grimm, H., & Otterstedt, C. (Hrsg.) (2012). *Das Tier an sich. Disziplinenübergreifende Perspektiven für einen wissenschaftsbasierten Tierschutz*. Göttingen: Vandenhoeck & Ruprecht.

Herms, E. (2015). Art. „Ethik". In *Religion in Geschichte und Gegenwart*, Bd. 4. Leiden: Brill.

Krämer, A. (2011). *Tierschutz und Strafrecht – Luxus oder Notwendigkeit?* (Das Strafrecht vor neuen Herausforderungen 27). Berlin: Logos.

Leibniz, G. W. (1710/2017). *Die Theodizee. »Essais de théodicée sur la bonté de dieu, la liberté de l'homme et l'origine du mal«*. Berlin: Books on Demand.

Montaigne, M. de (1580/1992). Schutzschrift für Raymond von Sebonde. In ders., *Essais [Versuche] nebst des Verfassers Leben*, nach der Ausgabe von Pierre Coste ins Deutsche übersetzt von Johann Daniel Tietz. Band 2. Zürich: Diogenes.

Regan, T. (1983/2004). *The Case for Animal Rights*. Berkeley & Los Angeles, CA: University of California Press.

Rosenberger, M. (2012). Theologische Ethik. In C. Otterstedt & M. Rosenberger (Hrsg.), *Gefährten – Konkurrenten – Verwandte. Die Mensch-Tier-Beziehung im wissenschaftlichen Diskurs.* Göttingen: Vandenhoeck & Ruprecht, 368–389.

Schleiermacher, F. D. E. (1799/1999). Über die Religion. Reden an die Gebildeten unter ihren Verächtern (1799). In ders., *Kritische Gesamtausgabe, Bd. 1/2: Schriften aus der Berliner Zeit 1769–1799.* Hrsg. v. G. Meckenstock. Berlin & New York: De Gruyter.

Schmitt, J.-C. (1982). *Der heilige Windhund. Die Geschichte eines unheiligen Kultes.* Stuttgart: Klett-Cotta.

Sezgin, H. (2014). *Artgerecht ist nur die Freiheit. Eine Ethik für Tiere oder warum wir umdenken müssen.* München: C. H. Beck.

Singer, P. (1975/2009). *Animal Liberation: A New Ethics for our Treatment of Animals.* New York: Random House. Hier zitiert nach: *Animal Liberation. The Definitive Classic of the Animal Movement.* Updated Edition. New York: Harper Collins.

Skriver, C. A. (1967/1987). *Der Verrat der Kirchen an den Tieren.* Höhr-Grenzhausen: Starczewski Verlag.

Steiner, G. (2015). Der Veganismus. Nicht bloß eine Entscheidung für einen Lebensstil. In R. Spannring, R. Heuberger, G. Kompatscher, A. Oberprantacher, K. Schachinger & A. Boucabeille (Hrsg.), *Tiere – Texte – Transformationen: Kritische Perspektiven der Human-Animal Studies.* Bielefeld: transcript, 329–338.

Stucki, S. (2016). Die Nutzung kommt vor dem Schutz. *Rechtswissenschaft 7,* 521–541.

Wannenmacher, J. E. (2017). Von koranischer Überlieferung und zeitgemäßen Perspektiven: Tiere und Tierethik im Islam (I). *Freiburger Zeitschrift für Philosophie und Theologie 64,* 170–194.

Zur Person

Julia Eva Wannenmacher hat mehrere Bücher und zahlreiche Artikel über Werk und Wirkung Joachims von Fiores veröffentlicht. Ihre weiteren Arbeitsgebiete sind Editionstheorie, Tierbilder im Mittelalter und in der frühen Neuzeit und Tierethik in christlicher und islamischer Theologie. Seit 2015 ist sie Mitarbeiterin eines der größten Editionsprojekte der deutschsprachigen Literaturwissenschaft an der Jeremias-Gotthelf-Forschungsstelle der Universität Bern, wo sie sich mit der Edition und Kommentierung der theologischen Schriften Gotthelfs beschäftigt. Zu ihren jüngsten Publikationen zählen:

- Von koranischer Überlieferung und zeitgemäßen Perspektiven: Tiere und Tierethik im Islam (I). *Freiburger Zeitschrift für Philosophie und Theologie 64* (2017), 170–194.

- Vom Symbol zum Individuum. Tiere im Werk Jeremias Gotthelfs. In *Literatier*, hrsg. von Joela Jacobs. Sonderausgabe von Literatur für Leser (erscheint im September 2017).

Korrespondenzadresse

Dr. Julia Eva Wannenmacher
Universität Bern
Forschungsstelle Jeremias Gotthelf
Muesmattstr. 45
3012 Bern
Schweiz
E-Mail: julia.wannenmacher@germ.unibe.ch

BUCHBESPRECHUNGEN

TIERethik
9. Jahrgang 2017/2
Heft 15, S. 116–145

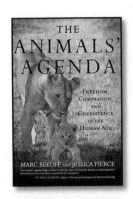

Marc Bekoff & Jessica Pierce

The Animals' Agenda.
Freedom, Compassion, and Coexistence in
the Human Age

Boston: Beacon Press, 2017, 225 S.,
25,99 EUR

Freiheit ist in doppeltem Sinne das zentrale Thema von Marc Bekoffs und Jessica Pierces zweitem Gemeinschaftsprojekt nach ihrer Monografie zur Moralfähigkeit nichtmenschlicher Tiere (*Wild Justice: The Moral Lives of Animals*, 2009). *The Animals' Agenda* stellt einerseits die *Freiheit der Tiere* als notorisch unterschätztes und in vielen Bereichen auf brutale Weise verweigertes Gut in den Mittelpunkt und setzt sich andererseits kritisch mit dem Anspruch von *Wertfreiheit* eines Wissenschaftszweiges auseinander, der sich der Erforschung von „animal welfare" (im Deutschen „Tiergerechtheit" bzw. „Tierwohl") widmet.

Das erste der acht Kapitel des Buches öffnet diese Problemfelder, indem es zunächst die große Diskrepanz zwischen der Wertschätzung der Freiheit menschlicher Individuen und dem drastischen und dabei oft gedankenlos wirkenden Entzug von Freiheit anspricht, den Tiere durch Menschen erfahren (2ff.). Evidenzen für die vielfältigen negativen tierlichen Reaktionen auf diesen Verlust (7) stellen die Autoren in den folgenden Kapiteln beispielhaft vor. Zunächst geht es ihnen darum zu zeigen, dass die solcherlei Evidenzen liefernde Wissenschaft auf (kritikwürdigen) werthaften Annahmen fußt, wenn sie Gefangenschaft und Nutzung zu menschlichen Zwecken als Parameter des Lebens ihrer Forschungsobjekte akzeptiert. Dem stellen Bekoff und Pierce das Konzept einer „science of animal well-being" gegenüber (ebd.), die sich – quasi ohne Rücksicht auf menschliche Zwecke – für das Wohlergehen des individuellen Tieres interessiert und sich damit kategorial von der industrienahen und mit einem stark beschränkten Sinn des „Wohls" der Tiere operierenden „science of animal welfare" unterscheidet.

Die grundlegenden Probleme dieser „animal welfare science" werden im zweiten Kapitel herausgearbeitet. Dass in Zeiten des exponentiellen Zuwachses an Erkenntnissen über tierliche Emotion und Kognition (13) die Zahlen der Tiere, die etwa in der Nahrungsmittelproduktion oder Forschung leiden und getötet werden, steigen (14), lässt die Autoren von einem „Tiefpunkt" in der Mensch-Tier-Beziehung sprechen (15), der ein Versagen der Wissenschaft bedeute, aber mehr als ein Problem der Wissensvermittlung sei (16). Zwar habe die Tierwohlforschung neben physiologischen Markern für tierliches Wohlbefinden (21) mindestens indirekt auch die Gefühle der Tiere zum Thema gemacht, indem sie Rückschlüsse auf Gefühle über beobachtbares Verhalten zulasse (18). Aber die Forschungsfragen der „animal welfare science" seien von Beginn an auf menschliche Nutzungsansprüche zugeschnitten gewesen (23f.) und hätten sich auf Auswirkungen der Merkmale bestimmter Haltungssysteme konzentriert, anstatt tierliches Wohlergehen umfassend in den Blick zu nehmen. So gebe beispielsweise ein Präferenztest an Hühnern, der den Tieren verschiedene Käfigböden aus Draht zur Auswahl stelle, nur Aufschluss über die Präferenz eines kleineren Übels (17f.). An etlichen Beispielen demonstrieren die Autoren im Verlauf des Buches, dass derartige Auswahlmöglichkeiten – gemessen am Forschungsziel „Wohlbefinden" – keine adäquaten Ergebnisse liefern. Für Bekoff und Pierce bedeutet die Akzeptanz der Nutzung von Tieren als Norm, dass Tierwohlforschung ihre eigenen Ergebnisse kleinreden muss, sobald es etwa um die Entwicklung von Richtlinien geht (26) – denn Hinweise auf das Leid von Tieren würden eigentlich mehr erfordern als Minimalinterpretationen von Werten wie Freiheit und die Empfehlung bloßer Ideale anstelle der Implementierung von Standards (27). Vor allem zeigen die Autoren auf, dass die vermeintliche „Wissenschaftlichkeit" und „Objektivität" solcher Empfehlungen mitnichten „Wertfreiheit" bedeute. Es sei nämlich gerade die Festlegung auf Verbesserungen im Rahmen des

Status Quo als anwendungsbezogenes Forschungsziel der Tierwohl-forschung, die von Wertannahmen über das Mensch-Tier-Verhältnis substanziell abhänge (26f.).

Die Kapitel drei bis sieben zeigen Erscheinungsformen und Aus-wirkungen des Entzugs von Freiheit in den Bereichen Nahrungsmit-telproduktion, Tierversuche, Zoo und Unterhaltung, Haustierhaltung und schließlich auch die Beschneidung der Freiheit wildlebender Tiere auf. Die Autoren geben Empfehlungen, wie dem Freiheitsbe-dürfnis von Tieren in den unterschiedlichen Kontexten sukzessive mehr entsprochen werden könnte. Sie verknüpfen in diesem mit zahlreichen Literaturhinweisen versehenen Hauptteil interessante Einblicke in den Forschungsstand zu emotionalen Bedürfnissen und kognitiven Fähigkeiten nichtmenschlicher Tiere mit Wissenschafts- und Gesellschaftskritik. Als Grundproblem stellt sich dabei immer wieder die Ablenkung von der Unfreiheit genutzter Tiere heraus, die durch die „Tierwohl"-Perspektive befördert wird. In ihrer Kritik an einer Filmsequenz, in der die amerikanische Tierwohl-Symbolfigur Temple Grandin eine Beförderungsanlage, die Kühe an das Bolzen-schussgerät liefert, als „stairway to heaven" beschreibt, machen Be-koff und Pierce einleitend deutlich, wie die Verkennung von Frei-heitsverlust in die Beschönigung anderer, drastischer Schäden über-geht (31ff.). Sie kritisieren die Unwissenschaftlichkeit von Behaup-tungen über die relative Wünschbarkeit eines Lebens in der Massen-tierhaltung oder der Wildnis (53), von der Rede von „höheren" und „niederen" Tieren im Kontext des „Replacement" bei Tierversuchen (65f.), von generalisierenden Annahmen über die Präferenzen gan-zer Spezies (56) und des Dogmas, der Tod stelle für Tiere keinen Schaden dar (74, 101).

Relativ harte Kritik üben Bekoff und Pierce gerade auch an den-jenigen Nutzungsweisen, die im Vergleich mit invasiver Forschung oder der Tötung von Tieren durch die Lebensmittelindustrie bisweil-len eher harmlos erscheinen mögen, nämlich der Haltung – oder bes-ser: Gefangenschaft – von Tieren in Zoos und Privathaushalten. Wo nicht die Tötung und Verarbeitung zu Fleischprodukten oder das vorsätzliche Zufügen von Leiden zu Testzwecken den Blick auf den

Zustand der rein körperlichen Unfreiheit verstellen, kann diese Unfreiheit umso direkter problematisiert werden. Die Autoren erklären einige gefangenschaftsbedingte Verhaltensauffälligkeiten und zeigen, dass das Leben unter menschlicher Kontrolle zur Frustration einer Vielzahl von Verhaltensbedürfnissen führen kann, die nicht selten weitere Ungerechtigkeiten im Gefolge haben, wenn etwa Haustiere für ihre Coping-Strategien bestraft oder deswegen abgeschafft werden (133).

Das letzte Kapitel fasst die im Hauptteil anhand von Beispielen konkretisierte Kritik an der ethisch und wissenschaftlich kompromittierten Tierwohlforschung zusammen und skizziert das Programm einer „science of animal well-being". Diese kann wesentliche Einsichten der „welfare science" übernehmen: Sie geht ebenso (i) von der Subjektivität nichtmenschlicher Tiere, (ii) ihrer Fähigkeit zu und ihrem Bedürfnis nach positiven Empfindungen und (iii) von der methodologischen Annahme aus, dass das Verhalten einen validen epistemischen Zugang zu Gefühlen biete. Allerdings schränkt sie ebendiese Erkenntnisquelle nicht von vornherein ein, indem sie eine zu menschlichen Zwecken errichtete Umgebung nicht als normalen Rahmen dieses Verhaltens voraussetzt (174). Die Antwort auf das Wertneutralitätsproblem der Tierwohlforschung besteht für Bekoff und Pierce nicht in der Ausklammerung aller Wertungen, die sie im Kontext der Forschung zum Wohlergehen von Tieren für nicht wünschenswert und letztlich unmöglich halten. Vielmehr solle eine „science of animal well-being" sich explizit der Förderung der Freiheit von Tieren und ihres individuellen Wohlergehens verpflichtet fühlen (175). Der stillschweigenden Akzeptanz des Status Quo, die in eine Komplizenschaft bei Verbrechen an Tieren mündet (173), stellen Bekoff und Pierce damit ein explizites und deshalb transparentes Bekenntnis zum Eintreten für die Belange der Tiere gegenüber (29, 175).

The Animals' Agenda ist ein empirisch informiertes Plädoyer für die Würdigung von Freiheit als höchstem Gut nicht nur von Menschen, sondern auch nichtmenschlichen Tieren und eine plausible Wissenschaftskritik. Die Autoren bieten Einblicke in Erkenntnisse über tierliche Emotion und Kognition und führen dem Leser die

Vielfalt tierlicher Handlungsfähigkeit – und damit das Potenzial zu Frustration – vor Augen. Sie entlarven den entscheidenden Einfluss nicht-wissenschaftlicher Werte auf die Forschungsfragen und Empfehlungen der Tierwohlforschung und zeigen auf, wie diese Wertannahmen nicht nur den moralischen, sondern auch den epistemischen Wert ihrer Ergebnisse tangieren.

Nicht alle Ansätze der Kritik, beispielsweise am Sprachgebrauch rund um den Begriff der „humanen Behandlung", sind dabei durchweg völlig neu; auch einige Informationen zum mentalen oder Sozialleben nichtmenschlicher Tiere werden Käufer dieses Buches kennen. Diese Informationen sind allerdings insgesamt vielfältig und eingebunden in eine lesenswerte Auseinandersetzung mit dem Wert der Freiheit und der Freiheit von Werten.

Bekoffs und Pierces Vorschläge für eine Wissenschaft des tierlichen Wohlergehens sind nicht zuletzt deswegen interessant, weil sie eine Variante der Frage aufwerfen, wie radikale Neuausrichtungen mit reformerischen Bemühungen verträglich sind. Die Autoren beschreiben die „science of animal well-being" als kategorial von der Tierwohlforschung verschiedenen Ansatz, der die Freiheit des individuellen Tieres fördern will. Die „welfare science" kritisieren sie dafür, zur Beruhigung des Konsumenten in Bezug auf mit Tierleid verbundene Produkte, also zur Ablenkung von Problemen und zu Stabilisierungseffekten beizutragen (32, 59). Einige Empfehlungen für die Verbesserung der Lage von Tieren machen Bekoff und Pierce jedoch unter dem realpolitischen Zugeständnis einer auf unabsehbare Zeit fortdauernden Tier-Nutzung, und diesen Empfehlungen sieht man die kategoriale Verschiedenheit von praktischen Folgerungen aus der abgeurteilten Tierwohlforschung nicht an: etwa die Forderung nach der Abschaffung von Kastenständen (55), die Weiterverfolgung der sog. 3R (Refinement, Reduction, Replacement) im Kontext von Tierversuchen (90) oder allgemein bleibende Empfehlungen wie die einer Transformation kultureller Einstellungen zu „food animals" (60) oder die Veränderung von Maßstäben (154) in Konfliktsituationen zwischen Menschen und wildlebenden Tieren. Im Kontext von Tierversuchen schlagen Bekoff und Pierce vor, körperlichen Zwang möglichst durch positive Verstärkung und somit die „Kooperation" der Tiere in einzelnen Schritten des Versuchsablaufs abzulösen (79). An dieser Stelle wird nicht nur ersichtlich, dass auch Kritiker sich schwer aus der Sprache der tierverbrauchenden Forschung befreien können („trained to cooperate", „volunteer"; 79). Vor allem deutet sich die Gefahr einer Verselbstständigung solcher unter Vorbehalt abgegebenen Empfehlungen an. So wird doch gerade die vermeintlich „freiwillige Kooperation" – beispielsweise von Primaten beim Einsteigen in den Affenstuhl – von Tierexperimentatoren inzwischen als werbewirksames Argument für die Harmlosigkeit der Versuche ins Feld geführt. Bekoff und Pierce stellen immer wieder klar, dass solche Empfehlungen konditional, Tiere in Gefangenschaft – und erst recht in Experimenten – keine freiwillig Mitwirkenden sind (80) und nur Freiheit die Probleme löst (106). Ihr Versuch, auch zur Linderung absehbar fortbestehender Probleme etwas beizutragen, könnte zu einer Diskussion darüber einladen, wie und unter welchen Bedingungen eine Wissenschaft vom Wohlergehen der Tiere zur Verringerung eines bestehenden Übels beitragen kann und darf, ohne die Fähigkeit zur Erkenntnis des Übels selbst zu untergraben.

Frauke Albersmeier

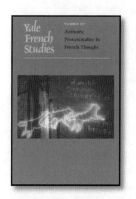

Matthew Senior, David L. Clark & Carla Freccero (Eds.)

Animots: Postanimality in French Thought

Yale: Yale French Studies 127, 2015, 224 pp., 35,00 USD

Mit gleich zwei Neologismen im Titel – einer davon der irritierende Begriff „Postanimality" – widmet sich 2015 eine Ausgabe der *Yale French Studies* den Fundierungen zeitgenössischen Tier-Denkens in französischer Kulturtheorie und Philosophie. Dieses Anliegen trifft sich mit dem im selben Jahr von Louisa Mackenzie und Stephanie Posthumus bei der Michigan State UP herausgegebenen Sammelband *French Thinking about Animals*, der in seiner Zusammenschau und Aufbereitung französischer Positionen zur Tierfrage in englischer Sprache explizit Pionierstatus beansprucht. Und tatsächlich finden sich drei der Beiträgerinnen zu *French Thinking about Animals* auch im *Animots*-Band der *Yale French Studies* wieder: die belgische Philosophin Vinciane Despret, die französische Philosophin Florence Burgat sowie Carla Freccero von der UC Santa Cruz, die auch als Mitherausgeberin von *Animots* fungiert. Beide Bände – so viel sei vorweggenommen – sind gelungen und ausgesprochen lesenswert; letzterer soll hier genauer besprochen werden.

Zentraler Impulsgeber für *Animots: Postanimality in French Thought* ist, wie der wortspielreiche Titel schon andeutet, der französische Philosoph Jacques Derrida (1930–2004). Im Spätwerk des berühmten Denkers der Dekonstruktion gibt es eine markante Hinwendung zur Tierfrage, die allerdings (zumindest in unseren Breiten) nur zögerlich und bisweilen bestürzend verkürzt registriert wurde. Engagierte Kreise wiederum stellen die Eignung von Derridas „postmodernen" Prämissen für eine genuine Tierphilosophie, für Anliegen der Tierethik und Tierrechte mitunter heftig in Abrede (vgl. etwa Gary Steiners „Tierrecht und die Grenzen des Postmodernismus: Der Fall Derrida" in *ALTEXethik* 2010). Dass sich gerade der späte, tier-affine Derrida als Stichwortgeber handfester biopolitischer Positionierungen eignet, bleibt Insiderwissen. So fehlt auch im *Animots*-Band ein aktualisierender Verweis auf die von Polemiken begleitete Ausstellung *La bestia y el soberano* im Museu d'Art Contemporani de Barcelona von 2015, deren Titel den der letzten Vortragsreihen Derridas, „La bête et le souverain" (2001–2003), aufgreift.

Ton und Leitmotive vorgebendes Werk für *Animots* ist hingegen Derridas Vortragsreihe „L'animal que donc je suis (a suivre)" aus der ihm unter dem Titel *L'animal autobiographique* gewidmeten Konferenz in Cerisy-la-Salle vom Juli 1997. Hier lancierte Derrida, so wie Senior, Clark und Freccero ihrem „Editors' Preface: *Ecce animot*: Postanimality from Cave to Screen" voranstellen, das „portmanteau word *animot*" (1) als pluralisierenden Gegenentwurf (phonetisch gleicht *animot* dem Plural *animaux*) zum Singularbegriff *animal*, der eine „heterogene Multiplizität des Lebendigen" vereinheitlicht und eine einzige untrennbare Linie zwischen Mensch und Tier voraussetzt: Diese Grenzziehung zu verkomplizieren und aufzufächern, trat Derrida an. Inspiriert von der emblematischen Eingangsszene von Derridas Essay – einer veritablen Schubumkehr menschlichen Denkens hin zum Tier, ausgelöst vom derangierenden Blick der Katze des Philosophen – entwickelt das Herausgebertrio einen weiteren Neologismus, den der „Postanimalität". Diese ist in dreifacher Hinsicht zu verstehen: als Radikalisierung posthumanistischer Abschiede von obsoleten Körper- und Lebensbegriffen („Postanimals could be those freed from the conceptual and bodily restraints of metaphysics and technology", 8), als Signal ökologischer Notsituationen („The apocalyptic version of the postanimal would be the last animal", ebd.), vor allem aber auch als Wink, dass Derrida hier gut gelesen und die Doppeldeutigkeit des „je suis" im Titel seines Essays aufgegriffen wird. Derridas „je suis" bedeutet ja über ein „ich bin" (im Sinne der Evolution) hinaus auch ein programmatisches „ich folge": ein nichtlineares, rekursives Dem-Tier-Folgen.

Die *animalséance*, die der Philosoph bei der Cerisy-Konferenz inszenierte, markiert Senior, Clark und Freccero zufolge einen Moment der Synthese und des Aufbruchs, für Derrida und über ihn hinaus in den französischen Animal Studies, für die mit Alexandre Kojèves Hegel-Vorlesungen in den 1930er-Jahren und den davon inspirierten antihumanistischen Reflexionen zum Mensch-Tier-Verhältnis bereits eine längere Traditionslinie anzusetzen sei. Mit der monumentalen Studie *Le silence des bêtes* der Sorbonne-Philosophin Élisabeth de Fontenay aus dem Jahr 1998 sowie den – nachfolgenden – Tier-Essays Derridas, inklusive der beiden posthumen Seminar-Bände *The Beast and the Sovereign* (2009/10, frz. 2008/10, dt. 2015/17) aber habe die Tierfrage in theoretischer wie historischer Hinsicht eine „critical juncture" (3) erreicht. Für diesen Moment der Emergenz ruft das Herausgebertrio treffend zwei Krisen der 1980er- und 1990er-Jahre in Erinnerung: die BSE-Epidemie und das Klonen des Schafs Dolly. Antizipiert finden sie ein solches Zusammenspiel von „death-dealing pathogens and life-generating technology" in

Foucaults Vorlesungen am Collège de France 1975–76 – hier zeichne sich bereits eine gleichsam postanimalische Zukunft exzessiver Biomacht ab, „in which biopower morphs from making live and letting die into its dark simulacrum, making life that makes death" (3).

Aus dieser kritischen und krisenhaften Konjunktur jedenfalls sei in Frankreich ein rigoroses, facettenreiches Korpus an theoretischen und politischen Arbeiten entstanden, die mit einer „new lingua franca of bio-politics and animal studies" (4) Vorwürfen begegne, das kontinentale Europa habe mit Denkern wie Heidegger, Foucault, Levinas und Deleuze – hier wird konkret ein Einwand Peter Singers eingebracht – kaum etwas zur Frage beigetragen, wie wir nicht-menschliche Tiere behandeln.

Die aus dem Französischen stammenden Beiträge für den *Ani-mots*-Band sind entsprechend als Beleg für die spezifische Leistung „kontinentalen" Tier-Denkens zu verstehen: Dazu gehören gleich zwei kürzere Auszüge aus Élisabeth de Fontenays enzyklopädischem – und in der Genealogie von Derridas Zuwendung zur Tierfrage bedeutsamem – *Le silence des bêtes*, das als Buch nach wie vor der Übersetzung harrt. Mit „The Slaughterhouse or a Common Fate" unternimmt die Philosophin einen Parcours durch literarische Kritiken industrieller Tiertötung (bei Döblin, Canetti, Isaac Bashevis Singer, Grossman, Primo Levi), mit „Return to Sacrifice" entgegnet sie Derridas Befund einer „sacrificial structure", die westlichen Auffassungen von nichtkriminellem Töten unterliege (so Derrida im 1995 veröffentlichten Interview mit Jean-Luc Nancy „,Eating Well,' or the Calculation of the Subject").

Florence Burgat, deren von Fontenay betreute Doktorarbeit 1997 unter dem Titel *Animal, mon prochain* veröffentlicht wurde und die als weitere Proponentin eines ethischen Umgangs mit Tieren in der Tradition „kontinentaler" Philosophie gilt, erörtert mit „Facing the Animal in Sartre and Levinas" zentrale Facetten philosophischer Indifferenz gegenüber Tieren.

Jean-Luc Guichet als Spezialist für die Tierdiskurse der Aufklärung schlägt mit „From the Animal of the Enlightenment to the Animal of Postmodernism" einen aufschlussreichen Bogen zwischen historischen Einsätzen des Tier-Denkens bei Condillac, Diderot, Rousseau und heutigen Zugängen; wenn Guichet dabei eine entscheidende Schwelle bei Heidegger ausmacht, so erklärt das auch die auf den ersten Blick erstaunlich häufige Zitation des deutschen Philosophen in diesem Band zu *French Thought*. Derrida übernehme klar das Heideggersche Postulat menschlicher Diskontinuität gegenüber dem Tier, schreibt Guichet, „without, however, echoing Heidegger's underestimation of the animal's being. Derrida even calls the ignoring of this difference of man the second biggest ‚stupid mistake' relative to the animal question" (79). Letzterer Kritikpunkt Derridas ist unpopulärer als die Kritik am Generalsingular *animal*: nicht nur weil Derridas *framing* der Annahme biologischer Kontinuität als *bêtise*, wie Guichet hier betont, „often overlooked" bleibt, sondern weil sie – und das wird im abschließenden Beitrag der britischen Filmwissenschaftlerin Anat Pick artikuliert – eben auch einer zentralen Geste engagierten Tierdenkens entgegenläuft (216): Statt hierarchisierende Unterscheidungen zwischen Lebewesen einzuebnen, sind wir in Derridas Gefolge eher dazu angehalten, Grenzen aufzuzählen.

Zwei weitere „kontinentale" Beiträge beziehen faszinierende Energie aus der für Derrida charakteristischen Geste des dekonstruktiven Unterlaufens wirkmächtiger hierarchischer Oppositionen und entsprechender Aufwertung, ja Potenzierung des schwächeren oder gar ausgeschlossenen Teils: So entwickelt Jean-Christophe Bailly mit „Animals are Masters of Silence" aus einem der zentralen Ideologeme tierlichen Unvermögens – das im Gefolge Descartes' notorisch gewordene Fehlen von Sprache als Indiz für das Fehlen von Vernunft oder Geist – eine spielerisch-poetische Eloge auf tierliche sensorische Welten. Wie anschlussfähig die Thesen des Schriftstellers und Philosophen mit Spezialisierung in deutscher Romantik gerade auch für Visual Animal Studies sind, zeigt Anat Picks exzellente Studie zum „reflexiven Realismus" im neorealistischen Film *Jeux Interdits* (1952) von René Clément, die eine aufmerksame Diskussion von Baillys Essay *Le versant animal* (2007; engl. *The Animal Side*, 2011) miteinschließt.

In eine völlig andere Richtung geht Vinciane Despret mit „Do Animals Work? Creating Pragmatic Narratives", einem Plädoyer für eine adäquatere Beschreibung dessen, was Tiere, etwa Kühe, in landwirtschaftlichen Zuchtbetrieben machen. Dass dies als Kollaboration bzw. Kooperation oder „recalcitrance" (Widerspenstigkeit), auf jeden Fall aber als aktives Tun zu fassen ist, argumentiert Despret v.a. mit Zugriff auf Befunde der französischen Soziologin und *zootechnicienne* Jocelyne Porcher, Ausblicken auf Theater (Romeo Castellucci) sowie Historiographie (Éric Baratay) und starker Ausrichtung auf Donna Haraway, Isabelle Stengers und Bruno Latour. Haraway und der US-amerikanische Literaturwissenschaftler Cary Wolfe sind Despret näher als Derrida; der Sachverhalt der „unparalleled forms of brutality and exploitation" gegenüber Tieren taucht allein in einer abschließenden Fußnote auf, mit dem Vermerk, dass ein „attempt to reformulate (maybe optimistically) the problem" nicht mit einer Antwort gleichzusetzen sei (142, Fußnote 34).

Die amerikanischen Beiträge zu *Animots* sind allesamt philologischer Provenienz und stärker mit Sprache, Bildern, historischen Diskurs- und Wissensformationen denn mit Tierethik befasst. Am deutlichsten ist das bei Yue Zhuos Beitrag zu Batailles Lascaux-Projekt (1952–1961), einer werkgeschichtlichen Studie zum Thema des Prähistorischen beim französischen Denker, die ohne tierphilosophische Ausrichtung auskommt. Die Mediävistin Sarah Kay versetzt hingegen genüsslich „a-word" (*animal, animot*) und „b-word" (*beast, bête, bêtise*) in Derrida'scher Flexion mit dem von Donna Haraway philosophisch aufgewerteten „humble word ‚critter'" (35), um die kreativen und kreatürlich inklusiven Taxonomien mittelalterlicher Bestiarien mit ihrer christlicher Heilslehre unterstellten „zoologischen Maschine" – Kay adaptiert hier das durch Giorgio Agamben populär gewordene Konzept der „anthropologischen Maschine" – und ihrer Tendenz zur Gleichsetzung von Kreatur und Wort („emphasis on the critter-as-word", 39) herauszustreichen. Matthew Senior zeigt in einer diskurs- und wissenschaftsgeschichtlich höchst aufschlussreichen Analyse von Strategien des „Self-Humaning in Descartes und Derrida", wie sehr Derridas Leitphrase „L'animal que

donc je suis" auf der Basis von bzw. in Absetzung von cartesiani-
schen Vorgaben modelliert wurde. Carla Freccero skizziert in „A
Race of Wolves" im Rückgriff auf Derridas *The Beast and the Sou-*
vereign (2011) und eine über seinen *Spectres de Marx* (1993) entwi-
ckelte *hauntology* die Wiederkehr des Motivs des Wolfs in zeitge-
nössischer, v.a. US-amerikanischer Literatur und Populärkultur (wie
etwa in der Serie *Twilight*, 2005–2008). Hier wie auch in David L.
Clarks „What Remains to Be Seen: Animal, Atrocity, Witness" kommen ethische Komponenten zur Sprache, bleiben jedoch weitgehend
auf menschliche Anliegen bzw. Traumata beschränkt.

Ein kurioser Nebeneffekt der den Band prägenden Geste des Fol-
gens (*suivre*), gewonnen aus dem Entwirren des Derrida'schen „je
suis (à suivre)", sei hier noch vermerkt: Sie gerät wiederholt zu einer
Geste des Verfolgens, verdichtet sich gar zum Motiv der Jagd. So
schließt etwa Senior nach Ausführungen zu den „ecstatic modulati-
ons" (68) bei Derrida mit Versen auf die Jagdleidenschaft Guige-
mars, zitiert aus Marie de Frances mittelalterlichen *Lais*. Die Bebil-
derung des Bandes trägt das ihrige bei, weist doch die Mehrzahl der
wenigen Bilder historisch weit zurück: so die Herden- und Jagdsze-
nen prähistorischer Höhlenmalereien (vgl. 9 und 26) und die mittelalterlichen Bestiarien-Bilder (42–43), auf denen die beunruhigende
Gestalt eines Menschen hervorsticht, der Pfeil und Bogen gegen eine
mit zwei Jungen beladene Äffin richtet. Wie sehr solche Gewichtung
mit Derrida, der sich anderswo deutlich gegen die Praxis der Jagd
ausgesprochen hat, vereinbar ist, sollte zumindest überdacht werden.

Eine der simpelsten, gleichzeitig elementarsten Gesten Derridas
in „L'animal que donc je suis" bleibt auch in *Animots* weitgehend
unbenannt und damit untergewichtet: der im Umfeld seines proto-
kollarischen Umstellens auf Jeremy Benthams Leitfrage *Can they*
suffer? getätigte Befund, es herrsche Krieg ums Mitleid, „une gu-
erre au sujet de la pitié", ein altersloser Krieg, der aber gegenwärtig
eine kritische Phase durchlaufe. Und diese kritische Phase beschreibt
er auch. Allein Guichet greift dies kurz und in resümierter Form auf,
am deutlichsten per Fußnote: „Moreover, in his book Derrida clearly
denounces today's industrialized treatment of animals." (81, Fuß-

note 11) Bénédicte Boisseron wiederum, Französistin an der University of Montana, fängt den Sachverhalt atmosphärisch ein, wenn sie in ihrem Beitrag „After Jacques Derrida (More to Follow): From A-cat-emic to Caliban" Fragestellungen von Animal Studies und Postcolonial Studies miteinander kreuzt, in Anlehnung an Hélène Cixous ein gemeinsames „destiny of banishment", v.a. aber ein „being named as an unresponsive entity" (107) erörtert. Und während Cixous' Rolle in der Genealogie der *Animots* noch weiter herauszuarbeiten bleibt, ruft Boisseron immerhin ins Bewusstsein, wie knapp Derridas Cerisy-Konferenz und J. M. Coetzees Princeton-Konferenz im Juli respektive Oktober 1997 aufeinanderfolgten – beides zentrale Ereignisse, was die Emergenz der Tierfrage in Form der „academic lecture" betrifft.

Die Pointe hier liegt weniger darin, dass diese zeitliche Perspektivierung Coetzee unwillkürlich als eine Art Gefolgsmann Derridas dastehen und sein *The Lives of Animals* als „cross-Atlantic follow-up" (98) zu Derridas *The Animal That Therefore I Am* wahrnehmen lässt – für akademische *Follow-ups* dies- und jenseits des Atlantiks hat Derrida, der ja auch an der UC Irvine lehrte, selbst gesorgt. Durch Boisserons aufmerksame Diskussion der „embedded pattern"-Technik aber, mit der Coetzee mittels einer fiktiven Figur die unerhörten Themen exzessiver Tierausbeutung auf die akademische Bühne hob – einer Figur, die ihre eigene Autorität durch Betonung ihrer disziplinären Nichtzugehörigkeit gleichzeitig selbst durchkreuzt –, eröffnet sich auch Raum für ein Bewusstsein für die Peinlichkeiten, die Derrida auf sich nahm, als er sich – vom Zentrum der Disziplin aus sprechend – in den Bannkreis der von konkretem Tierleid Betroffenen einreihte. Und für unsere Schwierigkeiten, innerhalb der Gepflogenheiten unseres Fachs an diese sehr geradlinige Geste anzuschließen.

Claudia Leitner

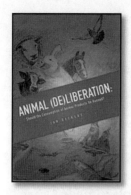

Jan Deckers

Animal (De)liberation: Should the Consumption of Animal Products Be Banned?

London: ubiquity press, 2016, 191 S., 22,49 EUR

Veganismus bedeutet, alle Arten von Produkten zu meiden, deren Herstellung auf der Ausbeutung von Tieren beruht. Im Unterschied zum Vegetarismus, der in erster Linie als eine Ernährungsform gilt, wird Veganismus als eine strengere, umfassende Lebensform gedacht, auf die in einer auf selbstverständlicher Tierausnutzung basierenden Gesellschaft oftmals mit Irritation und Ablehnung reagiert wird. Sowohl im privaten als auch im öffentlichen Leben sehen sich Veganer und Veganerinnen Diskriminierung ausgesetzt. Aus tierrechtlicher Perspektive erscheint deswegen ein Ansatz wünschenswert, der sich gleichermaßen der moralphilosophischen Begründung einer Pflicht zum Veganismus sowie der politischen Realisierung einer globalen veganen Lebensform annimmt.

Jan Deckers' Verteidigung eines eingeschränkten, moralisch motivierten Veganismus — in seinen Worten „qualified moral veganism" (2, 10) — leistet hier einen originellen, allerdings auch theoretisch kontroversen Beitrag zur Diskussion des moralischen Status des Veganismus in der Tier- und Bioethik. Die zentrale Frage, ob der Konsum von tierischen Produkten verboten werden solle, bejaht Deckers. Wie er zu dieser Antwort gelangt, die weitreichende soziale, politische und ökonomische Implikationen hat, lässt sich wie folgt rekonstruieren.

Im ersten Kapitel („The Consumption of Animal Products and the Human Right to Health Care") untersucht Deckers zunächst die globalen gesundheitlichen Folgen der vorherrschenden omnivoren Ernährung und geht auf Probleme wie Zoonosen, d.h. zwischen menschlichen und nicht-menschlichen Arten übertragbare Infektionskrankheiten (17–22), sowie Umweltschäden durch die tierverbrauchende Produktion von Lebensmitteln und anderen Industrieerzeugnissen ein (22–37). Sein Ergebnis ist, dass eine nicht-pflanzliche Ernährung katastrophale Folgen für die Umwelt und die Gesundheit derjenigen hat, die einen direkten Umgang mit sog. Nutztieren in der Industrie haben. Für Deckers steht hierbei, was ihn von umweltethisch argumentierenden Befürwortern und Befürworterinnen des Veganismus unterschiedet, tatsächlich durchweg die Gesundheit, d.h., genauer der negative gesundheitliche Effekt („negative global health impact") von Handlungen im Vordergrund, in denen Tiere als industrielle Güter verdinglicht werden. Deckers gewinnt die Axiologie seines Ansatzes aus einem holistischen Verständnis von Gesundheit, was nicht nur subjektives Wohlempfinden („wellbeing") im Sinne der relativen Freiheit von psychischem, physischem oder sozialem Leid umfasst, sondern auch den Bereich der moralischen Integrität berührt. Deckers spricht hier auch von „moralischer Gesundheit". Sie besteht in der Kultivierung der richtigen Tugenden, Werte und Haltungen, ohne die moralisch gutes Handeln nicht möglich ist. Unter einer eigenwilligen Terminologie verdeckt, in der „holistische Gesundheit" („holistic health") synonym mit „Eudaimonie" und „moralische Gesundheit" („moral health") synonym mit „Tugend" gesetzt wird, verbirgt sich also ein Stück antiker Lebensphilosophie. Weit davon entfernt, dies durch die Verwendung der etablierten philosophischen Terminologie transparent zu machen, geht es Deckers in erster Linie um den Nachweis, dass moralische Akteure in ihrem Handeln Pflichten im Sinne des holistischen Gesundheitsverständnisses haben. Deckers spricht hier auch von „holistic health care duties" (6) und meint damit, dass moralische Akteure in ihrem Handeln die positiven und negativen Folgen für alle durch die Handlungen betroffenen Organismen berücksichtigen müssen.

Im zweiten Kapitel („The Ethics of Qualified Moral Veganism") wird dieser Ansatz philosophisch weiterentwickelt. Deckers argumentiert dafür, dass innerhalb der Gemeinschaft der moralischen Subjekte und Objekte die Gewichtung von Interessen möglich sein sollte. Im Zentrum steht hierbei die Idee, dass der in unserer Gesellschaft vorherrschende negative Speziesismus, d.h. die unbegründete

Benachteiligung der Mitglieder anderer Spezies, konsequent zu einem positiv gedeuteten Animalismus ausgebaut werden sollte. Darunter versteht Deckers die begründete Bevorzugung von Individuen aus dem Tierreich gegenüber den Individuen anderer Reiche der Biologie, etwa Pflanzen und Pilzen. Als Kriterium der begründeten Bevorzugung von bestimmten Gesundheitsansprüchen dient der evolutionäre Verwandtschaftsgrad zwischen Individuen und biologischen Taxa. Dies bedeutet für Deckers, dass wir aus guten Gründen die Gesundheit der Mitglieder der eigenen Spezies gegenüber nichtmenschlichen Spezies stärker gewichten sollten (auch „speciesist interest" genannt). Nach dem gleichen Muster wird der Gesundheit von Tieren ein Primat gegenüber der Gesundheit von Pflanzen eingeräumt (auch „animalist interest" genannt). Es muss darauf hingewiesen werden, dass Deckers hier zwar über gesundheitliche Schäden im Sinne seines holistischen Gesundheitsbegriffes spricht, aber die phänomenale Dimension von Krankheit unter Zuhilfenahme einer höchst kontroversen Position in der Philosophie des Geistes interpretiert. Deckers vertritt eine Position, die er als Pansentientismus („pan-sentientism") bezeichnet. Gemeint ist damit eine ursprünglich auf Alfred North Whitehead zurückgehende Überlegung, dass alle einfachen und geordnet zusammengesetzten Individuen („compound individuals"), im Unterschied zu bloßen Aggregaten wie einer metrischen Tonne Granit, mentale Zustände haben. Dadurch sind sie zumindest graduell, nämlich ihrer inneren Beschaffenheit entsprechend, empfindungsfähig (70). Dies ist auch der Grund, warum Deckers im Kontext der Frage nach der Möglichkeit und Legitimität der Tötung von nichtmenschlichen Tieren zu bedenken gibt, dass die Möglichkeit der schmerzlosen Tötung von Individuen besteht, obwohl einzelne Zellen, Moleküle, Atome und subatomare Teilchen eventuell Schmerzen nach dem Tod empfinden könnten (73). Dieser Pansentientismus ist keine philosophische Eskapade, sondern ein integraler Bestandteil des theoretischen Rahmens, dessen sich Deckers bedient, um etwa die genetische Manipulation von Lebewesen und die klassische Züchtung von sog. Nutztieren aus Gründen der Sicherstellung der Integrität der Natur abzulehnen. Deckers führt für diese

sicherlich randständige geistphilosophische Position keinerlei natur-
wissenschaftliche oder anderweitige Evidenz an, was nicht sonder-
lich verwundert. Im Verlauf der Argumentation des Buches tritt dieser Pansentientismus weniger als ein systematisch begründeter Bestandteil seines normativen Ansatzes denn als selbstverständlich ge-
machte Voraussetzung auf, die mit naturphilosophischen Bemerkun-
gen über den Respekt vor der Integrität der Natur und natürlichen
Prozessen kombiniert wird. Aus den geist- und medizinphilosophi-
schen Voraussetzungen leitet Decker, der im zweiten Kapitel noch
auf das missliche Leben von Hühnern, Schweinen, Kühen und Fischen in der Lebensmittelindustrie eingeht (52–62), die Forderung
nach einem eingeschränkten, moralisch motivierten Veganismus
(„qualified moral veganism") her. Dieser besagt, dass der Konsum
von tierischen Produkten unter normalen Umständen – deswegen ist
er eingeschränkt – aus holistischen Gesundheitsgründen moralisch
verboten ist. Ausgenommen davon sind menschliche Milch und Ho-
nig (2); ebenso kann unter bestimmten Bedingungen der Konsum
tierischer Produkte erlaubt sein.

Im dritten Kapitel („The Politics of Qualified Moral Veganism")
überträgt Deckers dann seinen normativen Ansatz in den Bereich der
politischen Philosophie und diskutiert zunächst zwei mögliche Strategien für die globale Einführung eines in seinem Sinne eingeschränkten und moralisch motivierten Veganismus; im praktischen
Teil spricht Deckers auch von einem „vegan project". Die beiden
Strategien sind erstens die Vermittlung der Gründe für den Veganismus im Bildungswesen (108–10) und zweitens die Erhöhung der
Kosten für den Konsum von tierischen Produkten von gesetzgeberi-
scher Seite (111–114). Im zweiten Schritt geht Deckers auf Argumente gegen die Möglichkeit der praktischen Umsetzung seines Reformveganismus ein. Der Reihe nach werden (i) Zweifel an der Be-
reitschaft zur Annahme einer globalen veganen Lebensform in der
Gesellschaft (118–121), (ii) Zweifel an der Sicherstellung der Versorgung mit veganen Nahrungsmitteln (122–124) und (iii) die Sorge
vor einer Entfremdung der Menschen von der natürlichen Welt
(125–128) besprochen und unter Rekurs auf die im zweiten Kapitel

begründete unbedingte Pflicht zur Vermeidung von holistischen Gesundheitsschäden sowie empirische Daten über die Möglichkeit der konkreten Umsetzung beantwortet (122–128). Die weitere Versicherung, dass das vegane Projekt auch in einer demokratischen Gesellschaft umsetzbar wäre, wird im vierten Kapitel („An Evaluation of Others' Deliberations") unternommen, wobei die darin vorgestellte Gesprächsstudie — durchgeführt von sechs Wissenschaftlern an der Newcastle University — kaum die Begründungslast tragen kann, die praktische Umsetzung von Deckers' Reformveganismus in westlichen Demokratien zu plausibilisieren. Befragt wurden in frei konzipierten Interviews 21 Student_innen, die ein Modul über Umweltethik belegten, sechs zufällig ausgewählte Einwohner aus Newcastle und sechs Arbeiter aus einem Schlachthaus in Oldham.

Es ist weniger die argumentative Stoßrichtung, die Probleme bereitet. Deckers geht es um die Begründung eines moralischen Verbots des Konsums von Tierprodukten auf der Grundlage von globalen Gesundheitsfolgen und dessen konkrete rechtliche Implementierung. Problematisch ist vielmehr die Durchführung im Detail. Obwohl es originell und bedenkenswert ist, Gesundheit als integratives Konzept zu verwenden, um die Schäden resultierend aus der vorherrschenden tierbasierten Ernährungsweise der Menschheit in einer einzigen Wertlehre zu bündeln, scheinen wesentliche theoretische Komponenten des Ansatzes unausgereift und unnötig in ein spekulatives Extrem getrieben. Warum beschränkt sich Deckers nicht auf einen Sentientismus, der sich in erster Linie auf diejenigen Lebewesen bezieht, von denen die zoologische Physiologie mit Sicherheit sagen kann, dass sie zumindest über ein Nervensystem verfügen? Warum genügte nicht ein Gesundheitsbegriff, der sich auf die klassischen ätiologischen Dimensionen der Krankheit, nämlich physische, psychische und soziale Faktoren beschränkt? Warum musste, still und heimlich, noch ein antiker Eudaimonismus eingebracht werden? Neben der Druckfassung wird das Buch auch kostenfrei im Internet angeboten; Interessenten sollten deswegen einen Blick hinein wagen. Es als genuinen und theoretisch ausgereiften Ansatz gleichberechtigt neben etablierte Ansätze zu stellen, scheint jedoch verfrüht.

Alexander Christian

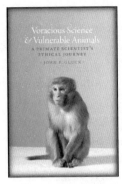

John P. Gluck

Voracious Science & Vulnerable Animals. A Primate Scientist's Ethical Journey

Chicago & London: *University of Chicago Press*, 2016, 313 S., 28,00 USD

John Gluck nimmt den Leser mit in die fremde und befremdliche Welt des Experimentierens an Tieren, zu der kaum jemand Zutritt hat. Der Neurowissenschaftler lässt uns an seiner ganz persönlichen, langen ethischen Entwicklungsreise teilhaben, deren Niederschrift dem ehemaligen Tierexperimentator nicht leicht gefallen sein wird. Das Buch fasziniert dadurch, dass Gluck jedes kleine Detail erzählt über die Menschen und Tiere und über die Dynamik zwischen den Menschen, die im Bereich Tierversuche arbeiten, und ihre Ansichten über die Tiere, die sie für ihre Versuche „opfern". Es wird deutlich, welche Gedankenkultur in diesem System vorherrscht, wie sich diese entwickelt – und warum es so schwierig ist, mit Tierexperimentatoren über Tierschutz und vor allem über Ethik und Rechte für Tiere zu sprechen.

Seine Reise beginnt in seiner Kindheit, in der er, wie viele, mit Hunden sozialisiert wurde. Sein an Parkinson erkrankter Vater war ein Mitauslöser dafür, dass John Gluck beschloss, Biologie und Psychologie zu studieren – er wollte kranken Menschen helfen. Zu Anfang des Studiums war er begeistert, insbesondere von Autoren wie Freud und Jung. Ihre Ansichten über das Unterbewusstsein, das hinter unserer täglichen Wahrnehmung existiert, machte Sinn für Gluck, der als angehender Jazzmusiker das Gefühl hatte, diese unterbewusste Welt mit ihrer emotionalen Tiefe zu erkunden. Jedoch war das, was an seiner Universität gelehrt wurde, weit entfernt von Freud und Jung, da seine Professoren diese Theorien offen verspotteten. Stattdessen wurden die psychologischen Theorien von John Watson, Ivan Pavlov und B. F. Skinner unterrichtet. Verhaltensstudien waren auf das beschränkt, was man beobachten konnte. Innerliche, nicht beobachtbare Zustände wie Gefühle und Emotionen wurden als sinnlos, da nicht observierbar, abgetan.

Durch eine Reihe von „glücklichen" Zufällen gelang es Gluck, einen Sommerjob im damals noch sehr renommierten Labor von Harry F. Harlow an der Universität von Wisconsin zu ergattern. Harlows Forschung dürfte vielen bekannt sein. Harlows Labor erlangte in späteren Jahren negativen Ruhm durch die dort jahrzehntelang stattfindenden maternalen Deprivationsversuche und sozialen Isolierungsversuche von Rhesusaffen, welche unglaubliche Ausmaße an Tierleid annahmen. Auch Singer kritisierte diese in *Animal Liberation* (1975) als überdurchschnittlich herzlos, da neugeborene Rhesusaffen in kompletter Isolation gehalten wurden, um zu sehen, wie groß ihre psychischen und körperlichen Leiden dadurch werden können.

Unter Betreuung von Harry Harlow fertigte Gluck seine PhD-Arbeit in vergleichender Psychologie und experimenteller Psychopathologie mit dem Titel *An Operant Analysis of the Effects of Differential Rearing in Rhesus Monkeys* an, die er erst 1972 fertigstellte (108).

Obgleich Gluck Verhaltenspsychologe ist, erkannte er lange Zeit nicht, wie gravierend die psychologischen sowie physiologischen Schäden sind, die er und andere den Tieren zufügten. Es war ein langer und langsamer Prozess, die unsäglichen Leiden der Tiere zu erkennen, anzuerkennen und entsprechend die Rechtfertigungen, die viele Tierexperimentatoren für diese Versuche an anderen Tieren nutzen, zu überdenken. Er beschreibt die Menschen und Tiere und Umstände in der Tierversuchswelt haarklein, genau wie seine Gewissenbisse, die immer lauter und häufiger wurden, und seinen inneren Konflikt, der stetig zunahm. Durch seine genauen Beschreibungen der Affen, mit denen er arbeitete, und seine Beziehung zu diesen Tieren entwickelt man als Leser eine tiefe Empathie mit den intelligenten und verletzlichen Tieren. Gluck beschreibt die Vorboten seiner ethischen Bedenken gegenüber den Versuchen, die er durchführte, und dass diese Gedanken so lange verdrängt wurden, weil seine berufliche Existenz und seine Identität davon abhingen. Dadurch, dass er uns mitnimmt durch die Zeit als Student und später als PhD-Student, bekommt man mit, wie junge Wissenschaftler einsozialisiert werden in das Durchführen von Tierversuchen: dass es

absolut gerechtfertigt sei, da nicht-menschliche Tiere ähnliche bio-
logische und neurologische Strukturen auswiesen, so dass Ergebnisse auf den Menschen übertragbar seien. Jeder, der das hinterfragte, wurde verspottet. Bei der naheliegenden Frage, ob denn Ver-
suchstiere ähnlich wie der Mensch Gefühle und Emotionen haben –
und dieselbe Fähigkeit zu leiden wie der Mensch –, und bei der Frage
der moralischen Relevanz wurde jungen Wissenschaftlern Anthro-
pomorphismus vorgeworfen. So wurde entweder behauptet, dass
Tiere nicht die gleiche Leidensfähigkeit besitzen oder dass ihr Leiden moralisch bedeutsam sei, da sie dies für den wissenschaftlichen
Fortschritt täten.

Gluck schildert auch, wie erstaunt er reagierte, als er im Jahr 1977
die Arbeit von Bob Frank, seinem ersten Masterstudenten, aufschlug
und las, dass dieser die Arbeit dem Tier gewidmet hatte, dass er für
seine Versuche benutzt hatte: In Gedenken an G-44, die Affendame,
die für seine Untersuchungen über langfristige Effekte von früher
kompletter sozialer Isolation leiden und sterben musste: *„She
unquestioningly made the greatest and noblest sacrifice a member
of Macaca mulatta can make; she died while serving science. May
she rest in peace."* (141) Gluck war inzwischen ein junger Professor
an der Universität von New Mexico, wo er seine Forschung an nichtmenschlichen Affen fortführte. Um die Tiere zur Kooperation zu bewegen, war u.a. Futterdeprivation an der Tagesordnung.

Er gibt zu, dass er versehentlich Tiere habe fast verhungern lassen. Sie wollten nicht kooperieren in den von ihm präzise geplanten
Verhaltensexperimenten. Dies kam ihm erst zu Bewusstsein, nachdem ein befreundeter Tierarzt die Sinnhaftigkeit dieser Verhaltens-
experimente aus Sicht der Tiere hinterfragte: Warum sind sie nicht
motiviert zu kooperieren? Sind seine Ideen für ein Spiel etwa nicht
relevant aus Sicht der Affen? Gluck erwähnt auch Behandlungsfeh-
ler, die zu Lasten der Tiere fielen, und schildert die damals gängige
Unterbringung in kargen Einzelkäfigen, wo es nur um Konformität
und Funktionalität ging. Es wurde nicht bedacht, wie die Tiere sich
in diesen fühlten. So beschreibt Gluck im Vorwort der 1997er Ausgabe von *Comfortable Quarters for Laboratory Animals*, das von
dem Animal Welfare Institute in den USA herausgegeben wird, wie

er zu Beginn seiner Karriere nicht darüber nachgedacht habe, dass die Affen bequeme Unterkünfte bräuchten. Alles sei damals Anfang der 1970er-Jahre auf Praktikabilität und auf das Konzept der experimentellen Kontrollierbarkeit hin angelegt gewesen. Es ging ausschließlich um Standardisierbarkeit der Haltung. Die Frage, ob sich die Tiere in ihrer Umgebung wohl fühlten, kam gar nicht auf. Solange sie aßen, tranken, hydriert waren und gut geformten Kot absetzten, war alles in Ordnung, und ihre Haltung galt als adäquat (122).

In den Kapiteln *Awareness* und *Realignment* beschreibt John Gluck, wie er nach und nach realisierte, dass etwas falsch war an dem, was er tat. Er war mittlerweile ein etablierter Tierexperimentator. Die Angst vor Veränderung und vor dem Verlust seiner Identität als ein von Harry Harlow geschulter Primatenforscher waren die größten Hindernisse, schreibt Gluck. Doch die vielen Jahre, in denen er die Affen beobachtet und mit ihnen interagiert hatte, sowohl im Experiment als auch sonst, brachten eine Intimität mit den Tieren. Je mehr er seine Tiere kennenlernte, desto mehr Schwierigkeiten hatte Gluck, eine emotionale Distanz zu den Tieren zu bewahren – etwas, was vorgeschrieben ist: stets die wissenschaftliche Objektivität zu wahren. Außerdem berichtet Gluck von den Erfahrungen, die er durch die Besichtigung anderer Versuchstierlabore mit verstörten und teilweise schwer leidenden Tieren, die in kargen gefängnisähnlichen Behausungen lebten, gesammelt hatte und die ihn zunehmend belasteten. Im Jahre 1976 lieh ihm eine seiner Studentinnen aus seiner Tierverhaltensklasse das Buch *Animal Liberation* (1975) von Peter Singer und sagte ihm, dass es sie sehr verstört habe. Damals hatte er noch nichts über dieses Buch gehört, so wie auch keiner seiner Kollegen, was Gluck zufolge zeigt, dass Ethik und Tiernutzung damals, wenn überhaupt, nur tagesabhängige Überlegungen waren. Die Studentin, die Gluck viele Male über die Wichtigkeit der Deprivationsstudien von Harlow und Gluck selbst hatte unterrichten sehen, wollte wissen, wie Gluck auf Singers Kritik reagieren würde. Gluck las das Kapitel „Tools for Research, or What the Public Doesn't Know It Is Paying for" und war erstaunt, dass viele Dinge, die Singer schrieb, Sinn machten: Z.B. schreibt Singer, dass in den wissenschaftlichen Publikationen die Schmerzen und Leiden der Tiere nicht vollumfänglich beschrieben würden und dass Tiere, die aufgrund falscher Behandlung verstürben, gar nicht in den Daten erschienen. Außerdem würden nur 25 Prozent der durchgeführten Tierversuche überhaupt publiziert. Das stimmte alles mit Glucks Erfahrungen überein, wobei er der Ansicht war, dass sogar weniger als 25 Prozent aller Studien publiziert würden – ein immenser Publikations-Bias! (158) Heute geht man davon aus, dass die Ergebnisse ca. der Hälfte aller durchgeführten Tierversuche nicht veröffentlicht werden.

Nach und nach gab Gluck seinen ethischen Bedenken mehr Raum und sprach mit Philosophen über Tierrechte. Glucks Sinneswandel (*change of heart)* bewegte ihn, ein Fellowship in Bioethik an der Georgetown University und den National Institutes of Health zu absolvieren. Seine heutigen Publikationen drehen sich alle um das fehlende ethische Element im Zusammenhang mit der Rechtfertigung von Tierversuchen. Gluck und seine Lebensgeschichte sind inspirierend. Sie geben Hoffnung, dass es möglich ist, sich zu ändern, dass eine ethische Weiterentwicklung und ein Wandel im Herzen immer möglich sind. Wissenschaftlern, die Tierversuche durchführen, aber ethische und wissenschaftliche Zweifel an deren Notwendigkeit und Rechtschaffenheit hegen, sollte Glucks persönliche Geschichte Mut machen. Die Gedankenkultur in der Tierversuchsindustrie ist rigide und hart zu durchbrechen, aber gerade in der heutigen Zeit, wo die Mängel von Tierversuchen überall ans Tageslicht kommen und unsere Gesellschaft immer mehr Bedenken gegenüber dem Einsatz von Tieren in invasiven Versuchen hat, wie aktuelle Meinungsumfragen klar belegen, gibt es mehr denn je die Chance, diese Gedankenkultur zu durchbrechen – mit dem Ziel, diese durch eine Kultur zu ersetzen, die von Respekt gegenüber Tieren geprägt ist.

Kathrin Herrmann

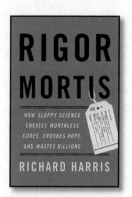

Richard F. Harris

Rigor Mortis.
How Sloppy Science Creates Worthless
Cures, Crushes Hope, and Wastes Billions

New York: *Basic Books,* 2017, 279 S.,
14,33 USD

Rigor Mortis ist ein längst überfälliges Buch, in dem Angehörige der Wissenschaftsgemeinschaft und Forschungsindustrie selbst auf die vielen Probleme der biomedizinischen Forschungsindustrie hinweisen. Um die Wahrheit, die vom renommierten Wissenschaftsjournalisten Richard Harris detailliert recherchiert und zusammengetragen wurde, wird nun niemand, der in der biomedizinischen Forschung arbeitet, mehr herumkommen. Der Titel *Rigor Mortis* (Totenstarre) und das Buchcover lassen auf einen Krimi schließen – und das Buch liest sich auch wie einer. Der Untertitel fasst zusammen, was den Leser erwartet: schlampig durchgeführte Forschung, die nutzlose Therapien hervorbringt, Hoffnung zerstört und Milliarden an (Steuer-)Geldern verschwendet. Dieses Buch erschien im April diesen Jahres und wurde bereits vielfach, u.a. von bekannten Wissenschaftsmagazinen wie *Nature* und *Science,* besprochen. Diese großen renommierten Journale haben es zur Kenntnis genommen, und niemand scheint die Richtigkeit der Aussagen über die Mängel in der Forschung und ihre Fallstricke, insbesondere auch bezüglich deren Ausmaß und Mannigfaltigkeit, die im Buch beschrieben werden, anzuzweifeln.

Ein großer Teil von den ungefähr eine Million biomedizinischen Studien, die jährlich publiziert werden, ist schätzungsweise falsch (vgl. Ioannidis 2005; Freedman, Cockburn & Simcoe 2015). Der Aspekt der mangelnden Reproduzierbarkeit biomedizinischer Forschung – das, was heute als *Reproducibility Crisis* (vgl. Baker 2016; Begley & Ioannidis 2015; Bracken 2008; Freedman, Cockbury & Simcoe 2015; Perel et al. 2007; Pound et al. 2004, 2014; Würbel et al. 2016) bezeichnet wird, war bereits lange bekannt. Schon in den 1960er-Jahren waren Forscher alarmiert über sehr wohl bekannte

Fehlerquellen wie z.B., dass menschliche Zellen, die in vielen Laboren genutzt wurden, oft nicht das waren, für was sie gehalten wurden (siehe auch *Rigor Mortis*, Kapitel 5). Pharmafirmen verlassen sich auf das, was akademische Forschungslabore publizieren.

Der Wissenschaftler C. Glenn Begley beschloss, zur Sprache zu bringen, wie oft er in seiner zehnjährigen Zeit bei einer Pharmafirma namens Amgen feststellen musste, dass Studien, die sein Team zu reproduzieren versuchte, nicht reproduzierbar waren. So suchte er 53 Studien aus, die er für potenziell bahnbrechend hielt. Für seine Reviews sollten die Versuche nicht nur nachgemacht werden, sondern die Forscher, die diese Studien ursprünglich veröffentlicht hatten, sollten mithelfen, was die meisten auch taten. Darüber hinaus schickte Begley in ca. 20 Fällen seine Wissenschaftler in deren Labore, und diese schauten dort bei den Versuchen zu. Dieses Mal wurde die Studie verblindet. In den meisten Fällen versagten die Experimente unter den verblindeten Konditionen. Die Erkenntnisse wurden 2012 in *Nature* publiziert (Begley und Ellis 2012). Bayer hatte eine ähnliche Studie durchgeführt (Prinz, Schlange & Asadullah 2011). Diese mangelhaften und entsprechend nicht reproduzierbaren Studien werden jedoch vielfach von anderen zitiert. Z.B. stellte Begley fest, dass eine der Studien, die er nicht wiederholen konnte, über 2.000 Mal von anderen Forschern zitiert wurde, die darauf ihre Forschung aufbauten, ohne vorher überprüft zu haben, ob das Ergebnis der Ursprungsstudie valide war. Es gab bislang keine systematischen Ansätze, um die Qualität biomedizinischer Forschung als Ganzes zu messen, so Harris. Leonard Freedman hat das gemeinsam mit zwei Ökonomen einmal hochgerechnet, um das Ausmaß der potenziellen Kosten für die USA zu ermitteln. So schlossen sie aus einigen kleinen Studien, die bereits versucht hatten, das zu errechnen, dass geschätzte 20 Prozent der Studien kein vertrauenswürdiges Design hatten. Ca. 25 Prozent verwendeten zweifelhafte Bestandteile, wie beispielsweise verunreinigte Zellen, in 8 Prozent wurde eine schlechte Laborpraxis identifiziert, und in 18 Prozent der Studien hatten die Durchführenden Fehler bei der Datenanalyse gemacht. Die Kosten für die Produktion dieser Veröffentlichungen wurden auf 28 Milliarden USD/Jahr geschätzt (Freedman, Cockburn & Simcoe 2015) (14).

„Mislead by Mice" ist der Titel von Harris' 4. Kapitel, in dem es sich um mangelhafte und irreführende Tierversuche dreht, die zu Milliarden an verschwendeten Geldern und zu Sackgassen auf der Suche nach neuen Pharmaka geführt haben (71). Wissenschaftler bringen hier zur Sprache, dass Daten aus Tierversuchen größtenteils nicht auf die menschliche Situation übertragbar sind, z.B. Studien zur Giftigkeit von Medikamenten. Es sei unklar, wie prädiktiv die Maus für den Menschen sei, so Thomas Hartung, Direktor des CAAT, Johns Hopkins University, im Interview. Tests an Mäusen könnten nicht einmal vorhersagen, was bei der Ratte zu erwarten sei. Die gleichen Tests bei Maus und Ratte kämen nur in ca. 60 Prozent der Fälle zum gleichen Ergebnis (72). Das trifft auch für den Bereich der Chemikalien zu (73). Der Neurologe Malcolm Macleod von der University of Edinburgh gibt sich besorgt darüber, dass sich viele in der Biomedizinischen Forschung so auf Mäuse verlassen (74). Macleod führt mit der CAMARADES-Gruppe systematische Reviews und Meta-Analysen von Daten aus Tierversuchen durch.

Einen Großteil seiner Karriere verbrachte Macleod damit, anhand von Maus-Schlaganfall-Modellen Wege zu finden, den Hirnschaden nach Schlaganfall zu minimieren. Milliarden an Forschungsgeldern und unzählige Tiere wurden in Hunderten von Tierversuchen eingesetzt, und trotzdem fand man keinen Wirkstoff, der sich auch für den Menschen als hilfreich erwiesen hat. Es könnte sein, dass die experimentelle Induktion von Schlaganfällen in der Maus sich so radikal von dem Schlaganfall im Menschen unterscheidet, dass es aus dem Tierversuch keine Erkenntnisse zu generieren gibt, die uns weiterbringen. Oder es könnte auch sein, dass die Versuche zu unsystematisch und schlampig durchgeführt wurden, so dass sie ein gesamtes Forschungsfeld in die Irre geführt haben (75). Ein herausragendes Beispiel dürfte wohl der Wirkstoff namens NXY-059 sein, der als Kandidat für ein Medikament zur Eindämmung des Schadens nach Schlaganfall nach Testung in Versuchen überwiegend an Ratten vielversprechend aussah. Als dieses Mittel an 5.000 menschlichen

Probanden getestet wurde, konnten diese Effekte jedoch nicht bestätigt werden. Dirnagl und Macleod (2009) nahmen die Tierversuche zu NXY-059 auseinander und fanden zahlreiche Mängel. Daraufhin beschloss Malcolm Macleod zu untersuchen, wie weit verbreitet vermeidbarer Bias bei Tierversuchen wirklich ist. 2015 nahmen er und Kollegen eine Stichprobe von Tierversuchspublikationen der Topuniversitäten in Großbritannien und fanden heraus, dass nur 17 Prozent verblindet waren. Genauso selten erfolgte eine zufällige Zuordnung der Tiere zu den verschiedenen Versuchsgruppen. Auch wurde oft nicht angegeben, ob man einen Interessenkonflikt habe. In fast keiner der Publikationen wurde erläutert, wie sie auf die Anzahl der Tiere gekommen waren, die sie einsetzten.

Es sei ernüchternd, so Macleod, dass von den 1.000 untersuchten Publikationen der führenden Forschungsinstitute in UK über zwei Drittel nicht einmal eines von vier Dingen in Erwägung zogen, die das Risiko von Bias reduzieren. Nur ein einziger von 1.000 Artikeln nahm Stellung zu allen vier Punkten: Verblindung, Randomatisierung, Begründung der Tierzahl und Stellungnahme zu einem möglichen Interessenskonflikt (vgl. Macleod et al., *PLOS Biology 13*, 2015) (76). Diese Mängel seien einfach zu beheben, aber sie hülfen nicht in den Fällen, wo Tiere schlechte Modelle für den Menschen darstellen. Beim Schlaganfall z.B. werden oft männliche, adoleszente Mäuse verwendet, doch diese seien womöglich nicht repräsentativ für die Gruppe von älteren Menschen, die von Schlaganfällen vorwiegend betroffen seien, so Macleod. Diese und weitere Fragen bezüglich der Validität des Tiermodells müssten die Tierexperimentatoren sich stellen, so Macleod, anstatt weiter mit demselben Modell zu arbeiten und dieselben Ergebnisse zu erhalten, die zwar publizierbar sind, aber die nichts an der Situation nach Schlaganfall zu verändern vermögen. Weitere Bereich von Tierversuchen, die in Bezug auf ihre Übertragbarkeit auf den Menschen kritisch diskutiert werden, sind u.a. Schmerzstudien und Entzündungsstudien im Zusammenhang mit Trauma, Verbrennungen und Sepsis. Der Genetiker Ron Davis von der Stanford University wollte verstehen, wieso von den ca. 150 auf der Grundlage von Mausversuchen entwickelten

Medikamenten gegen Sepsis kein einziges dem Menschen Verbesserungen brachte. Er und Kollegen identifizierten ungefähr 5.000 Gene, die bei Entzündungsvorgängen in der Maus aktiviert bzw. inaktiviert werden, und verglichen diese mit denen beim Menschen bei Inflammationsprozessen. Sie fanden heraus, dass es hier praktisch keine Korrelation gebe, da ganz andere Gene im Menschen beteiligt seien. Die Biologie der Entzündung unterscheide sich also grundlegend bei Maus und Mensch (vgl. Seok et al. 2013). Ein weiteres Problem bei Tierversuchen sei das Bestreben, diese rigoros zu standardisieren, indem man versuche, die Umwelteinflüsse zu kontrollieren, was u.a. zu einer reizarmen Umwelt für die Tiere geführt habe und zu einer Reihe an Problematiken, die Joseph Garner beschreibt. Durch das karge, reizarme Leben der Tiere im Labor reagierten diese bei Verhaltensversuchen u.a. ängstlicher und gestresster, was die Ergebnisse verfälsche (vgl. Richter et al., *Nature 532*, 2011).

Beim Lesen von *Rigor Mortis* wird auch deutlich, worauf die Wissenschaftsgemeinschaft irrtümlicherweise ausgerichtet ist. Durch das Training werden Forscher in den Lebenswissenschaften darauf geschult, dass es primär darum gehe zu publizieren, um dann wiederum Forschungsgelder erhalten zu können. Es herrscht ständiger Konkurrenzkampf um die im Verhältnis mit der Anzahl der Forschungsgruppen wenigen Forschungsgelder. Oft wird zu schnell publiziert, um Erster zu sein, anstatt sich Zeit zu lassen und sorgfältig zu prüfen, sodass man solide Daten bekommt und die These standhält. Es gibt noch keine wirklichen Strafen für das Publizieren von Ergebnissen, die später widerlegt werden. Oder sie sind zwar falsch, werden aber nie widerlegt, sondern für wahr genommen und als Grundlage für neue Ideen, die dann meist auch zum Scheitern verurteilt sind. Wie schon beschrieben, gibt es viele Mängel bei der Planung und Durchführung von Versuchen sowie bei der Modellwahl und zu wenig Qualitätskontrollen.

Harris' Buch offenbart das Ausmaß der Probleme in der biomedizinischen Forschung. Die Kultur dieses Forschungszweigs muss dringend repariert werden; das wird sicherlich jedem Leser klar werden. Erfreulich ist es, dass diese Kultur bereits dabei ist, sich zu verändern. Und die Geldgeber und wissenschaftlichen Journale haben

Initiativen gestartet, die die Qualität der Forschung verbessern sollen. Durch Publikationsleitlinien (z.B. die ARRIVE-Guidelines für Tierversuche) soll erreicht werden, dass alle relevanten Informationen über die Studien offengelegt werden und zugänglich sind. Mangelnde Transparenz ist ein anderes großes Problem und wird in Kapitel 7 diskutiert. Mit dem Ziel, biomedizinische Forschung effektiver und effizienter zu machen, wurde der Open Science Framework gegründet (URL: https://osf.io/) (147ff.). Ziel sollte Qualität statt Quantität sein (236). Der Weg aus diesem strukturellen Sumpf wäre sicherlich nicht schmerzfrei, so Harris. Aber richtig zu liegen, sollte am meisten von allem zählen (236).

Es wird sich zeigen, inwieweit sich die biomedizinische Forschungsindustrie aus ihrem selbst verursachten Sumpf befreien kann und wieder zu einem funktionierenden, wirtschaftlichen System werden wird, das Qualität statt Quantität produziert, von der dann die Gesellschaft, die dieses System finanziert, auch wirklich profitiert. Eine entscheidende Rolle werden hierbei sicherlich Bildung und Lehre spielen, die leider in *Rigor Mortis* etwas kurz kommen. Zum einen muss das wissenschaftliche Training, das Forscher bekommen, verbessert werden. Sie müssen geschult sein in Statistik, Studiendesign und anderen Grundlagen der biomedizinischen Forschung, so Arturo Casadevall der Johns Hopkins Bloomberg School of Public Health (164ff.). Außerdem müssen Forscher kritisches Denken und Problemlösungsdenken beherrschen. Zum anderen ist gerade im Bereich der Lebenswissenschaften und Biomedizin ethisches Handeln eine Grundvoraussetzung. Die morbide Kultur der biomedizinischen Forschung ist nur in eine bessere zu transformieren, wenn ein Schwerpunkt der Ausbildung auf die Bioethik gelegt wird.

Entscheidend für Erfolg oder Misserfolg ihrer Forschungsbestrebungen wird auch sein, wie flexibel Wissenschaftler sind und wie offen für neueste Innovationen, wie *Organ-on-a-Chip*-Technologie und die *Computational Models*, die die Forschungswelt hervorbringt, und dann – je nachdem, wie aufgeschlossen Wissenschaftler sind – wie diese ihre Forschung mehr oder weniger schnell verändern und voranbringen. Anders wird sich auch an der schlechten

Translationsrate von präklinischen zu klinischen Studien nichts ändern. Ron Davis sagte im Interview im Zusammenhang mit dem Gegenwind, den seine Studie über die Nichtvergleichbarkeit von Maus und Mensch im Zusammenhang mit Entzündung (Soek et al., *PNAS*, 2013) verursacht hatte, dass es nicht ungewöhnlich sei, dass Forscher sich erst einmal gegen revolutionäre Ideen wehren, aber „the power of science is, the truth will eventually come through" (zitiert: 78).

Kathrin Herrmann

NACHRICHTEN

TIERethik
9. Jahrgang 2017/2
Heft 15, S. 146–158

Tierleid bei Tierversuchen heruntergespielt

Extreme Abmagerung bei Mäusen mit künstlich ausgelösten Tumoren, infizierte Mäuse, deren Sterbeprozess tagelang dauert, Ratten, die bis zur Erschöpfung schwimmen müssen – zwei Drittel solcher laut EU „schwer belastenden" Tierversuche wurden von deutschen Forschern zu niedrig eingestuft. Das ist das Ergebnis einer aktuellen, in der Fachzeitschrift ALTEX erschienenen Studie des bundesweiten Vereins Ärzte gegen Tierversuche. Seit 2014 müssen Tierforscher für jeden genehmigten Tierversuch eine sogenannte „Nicht technische Zusammenfassung" (NTS) abliefern, die vom Bundesinstitut für Risikoforschung anonymisiert veröffentlicht wird. Unter anderem muss darin die „Belastung" für die Tiere in vier Schweregraden angegeben werden: keine Wiederherstellung der Lebensfunktionen (Tod in Narkose), gering, mittel und schwer.

„Diese Zusammenfassungen der Experimentatoren selbst werden ohne jegliche Kontrolle ins Netz gestellt, d.h. es überprüft niemand, ob die Angaben zu den Versuchen und zum Schweregrad überhaupt stimmen", kritisiert Dr. med. vet. Corina Gericke, Vizevorsitzende des Vereins Ärzte gegen Tierversuche. Der Ärzteverein untersuchte nun, inwieweit Tierversuche mit dem Schweregrad „schwer" tatsächlich als solche klassifiziert wurden. Dazu wurden 4.780 NTS aus den Jahren 2014 und 2015 nach Stichwörtern durchsucht, die nach einer EU-Auflistung auf schwere Schmerzen, Leiden, Schäden und Ängste hinweisen. Diese Kriterien wurden bei 235 NTS herausgefiltert. Von diesen waren jedoch nur 83 als „schwer" gekennzeichnet; 152 (65%) waren als „mittel" oder „gering", also zu niedrig, eingestuft worden.

Darunter waren mehrere Versuche, bei denen Mäuse aufgrund eines künstlich erzeugten Krebsgeschwürs extrem abmagerten (Tumor-Kachexie). Bei einem Impfstofftest wurden Mäuse mit dem Krim-Kongo-Fieber-Virus infiziert. Die ungeimpften Tiere der Kontrollgruppe starben innerhalb von 5 bis 6 Tagen an der Infektion. Ratten mussten in einem Wasserbassin bis zur Erschöpfung schwimmen, was durch die Ausweglosigkeit zu erheblichem Stress bei den

Tieren führt. Von diesen Tierversuchen mit Schweregrad „schwer" gibt es noch eine Steigerung, nämlich wenn diese mit erheblichen Schmerzen oder Leiden verbunden sind, die länger anhalten und nicht gelindert werden können. Um solche Versuche auf absolute Ausnahmefälle zu beschränken, schreibt die EU ein gesondertes Genehmigungsverfahren über EU-Instanzen vor. „Unsere Auswertung gibt Hinweise darauf, dass solche ‚schwersten' Tierversuche, die im ursprünglichen Neuentwurf der EU-Tierversuchsrichtlinie sogar vollständig verboten sein sollten, in Deutschland stattfinden, ohne dass die EU hierfür eine Sondergenehmigung erteilt hätte", erklärt Gericke.

So wurden Mäusen Stammzellen transplantiert, und anschließend wurden sie einer tödlichen Strahlendosis ausgesetzt. Die Tiere litten mindestens zwei Wochen an der durch die Strahlenschäden hervorgerufenen Zerstörung der inneren Organe. Das erhebliche, nicht zu lindernde Leid der Tiere erstreckte sich also über einen längeren Zeitraum. Der Ärzteverein sieht die Politik in der Verantwortung. „Die Beurteilung des Schweregrads darf nicht den Verursachern überlassen bleiben. Die Angaben in den NTS sind zudem sehr dürftig und keineswegs dazu geeignet, Transparenz zu schaffen", moniert Gericke.

Ärzte gegen Tierversuche führt seit Anfang 2016 die Kampagne „Schwimmen bis zur Verzweiflung", die auf ein gesetzliches Verbot dieser schwerstbelastenden Versuche zielt.

Der Statistik des Bundeslandwirtschaftsministeriums zufolge wurden im Jahr 2015 rund 2,8 Millionen Tiere in Experimenten verwendet, davon 4 Prozent mit dem Schweregrad „schwer".

Pressemeldung Ärzte gegen Tierversuche
vom 01.08.2017

Allianz für humanrelevante Wissenschaft in England gegründet

Die Allianz für humanrelevante Wissenschaft ist eine spannende neue Kollaboration, gegründet, um einen dringenden Bedarf zu adressieren, nämlich Wissenschaft und Entwicklung, Politik, Öffentlichkeit und Bildungseinrichtungen in Richtung humanrelevanter Methoden bei Sicherheitstests und in der Biomedizinischen Forschung zu bewegen.

Gestartet bei einem sehr erfolgreichen parlamentarischen Anlass am 8. Februar 2017 im Unterhaus, will die Allianz als Zentrum der Expertise handeln, will sich einsetzen für die Einführung von Werkzeugen und Therapien, die fokussiert sind auf die Biologie des Menschen, will helfen, das Gesundheitswesen und die Sicherheit zu verbessern. Am Start nahmen Politiker und Wissenschaftler von Universitäten, der Industrie und Zulassungsbehörden teil, um die Vorträge sowohl der fünf Gründungsmitglieder – Safer Medicines Trust, Dr. Hadwen Trust, Kirkstall, Cyprotex and CN Bio Innovations – als auch von anderen Experten auf dem Gebiet human-basierter Wissenschaft zu hören. Es gab viel Enthusiasmus und Unterstützung für Konzept und Zusammensetzung der Allianz. Eine Mehrheit der Teilnehmer tat ihr Interesse unmittelbar nach dem Anlass kund.

Nach dem offiziellen Start will sich die Allianz – zunächst im Vereinigten Königreich beheimatet – mit potenziellen Partnern zusammentun und heißt neue Organisationen willkommen, sich anzuschließen. Die Allianz will expandieren als neue ambitionierte akademische Unternehmung, und die Mission lautet klar, einen Paradigmenwechsel herbeizuführen: Weg vom unzuverlässigen Tierversuch, hin zu mehr human-relevanter Wissenschaft. Dies wird sowohl zu besserer Wissenschaft führen, zu besserer Gesundheit und Sicherheit als auch zu größerer Effizienz, was Zeit und Kosten und wissenschaftliche Ressourcen anbelangt. Human-relevante Technologien sollen mit Recht den Status als „Goldener Standard" erhalten. Es ist Zeit, sich auf den Menschen zu konzentrieren.

Für mehr Informationen über die Allianz, aber auch um Interesse anzumelden oder die einführenden Vorträge und ein Video von den Highlights der Startveranstaltung zu sehen, besuchen Sie bitte URL: http://www.HumanRelevantScience.org; E-Mail: info@HumanRelevantScience.org.

Rebecca Ram, Scientific Consultant, Safer Medicines Trust
Rebecca@SaferMedicines.org

Akademie für Tierschutz mit neuer Leitung

Roman Kolar hat Anfang Juli die Leitung der Akademie für Tierschutz des Deutschen Tierschutzbundes in Neubiberg übernommen. Der Diplombiologe und bisherige stellvertretende Leiter übernimmt damit die Leitung der Einrichtung von Dr. Brigitte Rusche, die nun die Verantwortung für die wissenschaftlichen Grundsatzfragen übernimmt.

Die Akademie für Tierschutz des Deutschen Tierschutzbundes besteht seit 1986. Dr. Brigitte Rusche übernahm die Leitung der Einrichtung im Jahr 1993. Seitdem hat sie die Einrichtung zum wissenschaftlichen Tierschutz-Kompetenzzentrum des Deutschen Tierschutzbundes ausgebaut. Mit den damit einhergehenden steigenden Herausforderungen ist verbunden, dass sie nun von der Einrichtungsleitung zur Gesamtleitung Wissenschaft wechselt, einer neu eingerichteten Position. Dr. Brigitte Rusche ist im Ehrenamt Vizepräsidentin des Deutschen Tierschutzbundes.

Ihr Nachfolger Roman Kolar, seit 1994 an der Akademie, war dort lange Zeit Leiter des Referats für Alternativmethoden zu Tierversuchen und später auch stellvertretender Leiter der Einrichtung. In der Akademie für Tierschutz in Neubiberg bei München setzen sich Wissenschaftler aus den Bereichen Biologie, Tiermedizin und Recht fundiert mit Tierschutzproblemen auseinander und erarbeiten die Grundlagen für die Ausrichtung der Tierschutzarbeit in Deutschland und Europa. Insbesondere auf dem Gebiet der Alternativmethodenforschung genießt die Akademie auch weltweit großes Ansehen. Im eigenen Zellkulturlabor werden in Zusammenarbeit mit Behörden, Industrie und Hochschulen tierversuchsfreie Methoden weiterentwickelt, um die Abschaffung von Tierversuchen zu beschleunigen. Zugleich ist die Akademie auch Begegnungs- und Informationsstätte für alle, die am Tierschutz interessiert sind. Haupt- und ehrenamtliche Tierschützer können sich hier weiterbilden und unter anderem die Grundlagen für den Sachkundenachweis erwerben, der für die Leitung eines Tierheimes gesetzlich vorgeschrieben ist.

Pressemeldung des Deutschen Tierschutzbundes
vom 06.07.2017

Umweltrelevante Endpunkte ergänzen ECHA RAAF

Das aktualisierte *Read-Across Assessment Framework* (RAAF), das von der Europäischen Chemikalienagentur herausgegeben wurde, beinhaltet nun auch die für REACH benötigten Information im Hinblick auf menschliche Gesundheit, Umweltbelastung und Umweltrisiko.

Registranten können RAAF nutzen, um die Qualität ihrer eigenen Read-Across-Fälle abzuschätzen. Die Experten der ECHA benutzen RAAF, um Read-Across-Fälle in konsistenter und transparenter Art und Weise zu beurteilen. Die erste Version des RAAF mit Endpunkten zur Menschlichen Gesundheit stammt aus dem Jahr 2015.

Read-Across ist die am meisten gebräuchliche Alternativmethode, die unter REACH verwendet wird. Es funktioniert, indem mit *bestimmten* Eigenschaften einer Substanz diese Eigenschaft für eine andere Substanz vorhergesagt wird. Wenn es korrekt angewendet wird, kann Read-Across dazu beitragen, unnötige Versuche an Wirbeltieren zu vermeiden. Das Framework ersetzt die offizielle Anleitung für Registranten über Read-Across nicht, sondern ergänzt sie. Ein Dokument mit Überlegungen zum Read-Across-Vorgehen, das auch UVCBs[1] und inhomogene Mischungen beinhaltet, ist in Vorbereitung.

Für RAAF siehe URL: http://bit.ly/2nmD6nG, RAAF; Annexes: http://bit.ly/2nEmKJB; practical guide on how to use alternatives to animal testing URL: http://bit.ly/2onbKNR.

Aus ECHA/NA/17/02

Neue Version der Effectopedia Website zugänglich

Effectopedia ist eine offene und strukturierte Plattform, um quantitative Informationen über *Adverse Outcome Pathways* (AOPs) aus-

---

1 Unter dem Begriff UVBC werden Substanzen aufgeführt die eine unbekannte oder variable Zusammensetzung haben, aber auch komplexe Reaktionsprodukte oder Biomaterialien.

tauschen zu können. Sie wird von der OECD unterstützt. Dieses Gemeinschaftswerkzeug ist dazu bestimmt, die interdisziplinären Anstrengungen für AOPs wie in einer Enzyklopädie aufzuzeigen, um die Vorhersagekraft zu steigern.

Die neue Version von Effectopedia beinhaltet:

- eine stabile und nutzerfreundliche Handhabung, unterstützt durch Online-Trainingseinheiten (Videos, Einführungskurse);

- quantitative Eingabemöglichkeiten, welche die Eingabe von Dosis- und Zeitergebnissen ermöglichen und so Bezüge zwischen den Ergebnissen herstellen können;

- neue Funktionalitäten für Modellentwicklungen und Interaktionen;

- Unterstützung der Arbeitsabläufe, die es Anwendern erlaubt, ihre AOPs zu entwickeln und lokal oder öffentlich zu speichern.

URL: https://www.effectopedia.org/;
other OECD resources for development of AOPs: http://bit.ly/2ny8rDW

Aus NICEATM News vom 15.02.2017

Erfolgreiches Straßenhundeprojekt in Kiew (Ukraine)

Als erste Tierschutzorganisation hatte der Deutsche Tierschutzbund 2012 mit der Stadt Kiew einen Vertrag unterzeichnet, um gegen die Tötung der dortigen Straßenhunde vorzugehen. Statt die Hunde zu töten, sah der Vertrag vor, sie zu fangen, zu kastrieren, zu impfen und wieder freizulassen. Bis heute konnte der Verband so fast 15.000 Straßenhunde kastrieren lassen, darunter auch etwa 2.000 Hunde mittelloser Einwohner. Das Problem der Straßenhunde und deren Überpopulation in der Hauptstadt wurden damit erfolgreich angegangen. Die direkte Unterstützung der Kastrationsmaßnahmen in Kiew hat der Deutsche Tierschutzbund Ende Juni beendet. Den Kampf für die Straßentiere in der Ukraine und in anderen Ländern führt der Verband fort.

„Das bis heute geführte Projekt ist ein Erfolg für den Auslandstierschutz nach der Prämisse Hilfe zur Selbsthilfe vor Ort", sagt Thomas Schröder, Präsident des Deutschen Tierschutzbundes. „Das sinnlose Töten von Straßenhunden zur ‚Aufwertung des Straßenbildes' zur Fußball-EM im Jahr 2012 wurde verhindert, ein tiergerechter Umgang umgesetzt und das Verständnis in der Bevölkerung geweckt, auch eigene Hunde kastrieren zu lassen. Als Ergebnis sieht man auf den Straßen Kiews kaum noch Straßenhunde. Selbstverständlich stehen wir aber auch weiterhin mit den drei städtischen Tierkliniken in Kiew in regelmäßigem Kontakt, die das Projekt nun aus eigener Kraft fortsetzen."

Die Bilder von Hundetötungen in der Ukraine im Vorfeld der Fußball-EM 2012 hatten eine Debatte über den tierschutzgerechten Umgang mit Straßentieren ausgelöst und den Deutschen Tierschutzbund auf den Plan gerufen: Zusammen mit ukrainischen Tierärzten hatte der Verband Hilfsaktionen für die Straßenhunde in Kiew ins Leben gerufen. Nach umfangreichen Umbauarbeiten und der Ausstattung von drei Tierkliniken konnten bis heute fast 15.000 Straßenhunde kastriert, tierärztlich versorgt und wieder in ihrem angestammten Revier freigelassen werden.

Mit Hilfe des Konzepts „Fangen – Kastrieren – Freilassen" verfolgt der Deutsche Tierschutzbund weiterhin das Ziel, die Zahl der Straßentiere europaweit tierschutzgerecht zu reduzieren und ihr Leid zu verringern. Die Tierschützer sind unter anderem im verbandseigenen Tierschutzzentrum in Odessa (Ukraine) sowie in Zusammenarbeit mit Partnerorganisationen in Kroatien, Italien, Spanien und der Türkei aktiv. Zugleich kämpft der Deutsche Tierschutzbund unter anderem in Rumänien auf politischer Ebene dafür, die Tiere nach der Kastration wieder freilassen zu dürfen. In Rumänien unterstützt der Verband gemeinsam mit der „Tierhilfe Hoffnung" die kostenlose Kastration von Tieren aus Privathaushalten und klärt die Öffentlichkeit über die Notwendigkeit der Kastration auf.

Pressemeldung des Deutschen Tierschutzbundes
vom 03.07.2017

EPA startet ein Pilotprogramm zur Reduzierung von Tierversuchen

Am 20. Dezember 2016 startete die US-Umweltschutzbehörde ein Pilotprogramm, um die Nützlichkeit und Akzeptanz eines mathematischen Ansatzes zu evaluieren, mit dem Chemikalien in ihrer Toxizität klassifiziert werden können. Gleichzeitig wurde eine Anleitung publiziert, wie die Pestizidindustrie Daten in das Programm einspeisen kann. Dieses Programm ist ein weiterer Schritt der EPA zu dem Ziel, mit besseren Testmethoden Tierversuche zu reduzieren, so wie es schon im März 2016 in einem Brief an die Stakeholder vom Büro des Pestizid-Programmes (Direktor Jack Housenger) beschrieben wurde (URL: http:// bit.ly/2hVDg4q).

Der mathematische Ansatz, bekannt als die GHS-Mischgleichung, wird im globalen Hormonisierungssystem zur Klassifizierung und Kennzeichnung von Chemikalien verwendet (GHS). Die Anwendung der GHS-Mischgleichung kann die Verwendung von Tieren für orale und inhalative Toxizitätsstudien bei Pestiziden reduzieren.

Um die GHS-Mischgleichung zu bewerten, erbittet die EPA Daten aus akuten oralen und inhalativen Toxizitätsstudien, gepaart mit mathematischen Berechnungen (GHS Mischgleichungs-Daten). Damit soll die Bewertung von Pestiziden ermöglicht werden. Die EPA erwartet, dass das Pilotprogramm ungefähr sechs Monate laufen wird, will aber mit der Analyse der Daten auch früher beginnen, wenn genügend Daten vorhanden sind.

Mehr Informationen und Instruktionen zum Einreichen der Daten auf URL: http:// bit.ly/2iLhKAK.

NICEATM News vom 04.01.2017

EthicScience-Kampagne unterstützt 3R-Forschung

Die EthicScience-Kampagne in Frankreich ist ein Sponsoren-Programm, das von der NGO Pro Anima 2013 eingerichtet wurde. Das Ziel ist, ausgewählte wissenschaftliche Programme zu fördern, die keine Tierversuche anwenden. Bis jetzt wurden € 40.000 für die Forschung ausgegeben. Im Januar 2017 wurden an Saadia Berrada, die an einer neuen Generation synthetischer Haut arbeitet, und an Ludovic Wiszniewski, der an neuen Inhalationstests für E-Zigaretten arbeitet, € 3.000 als Preisgeld ausgegeben.

URL: http://www.proanima.fr/en/ethicscience/
E-Mail: contact@proanima.fr

OECD veröffentlicht Anleitung für IATA

Die Organisation für wirtschaftliche Zusammenarbeit und Entwicklung (OECD) veröffentlichte kürzlich eine Anleitung zum Gebrauch von „Adverse Outcome Pathways" bei der Entwicklung „Integrierter Approaches for Testing and Assessment (IATA)". Die Anleitung soll:

- einen Rahmen geben für die Entwicklung und Verwendung von IATA;
- beschreiben, wie IATA auf dem AOP-Konzept aufbauen kann;
- Beispiele benennen, wie AOPs verwendet werden können, um IATA zu entwickeln.

IATA erlaubt es, die Daten von verschiedenen Testmethoden zu kombinieren, um die chemische Toxizität genauer vorhersagen zu können als mit einer einzelnen Testmethode. Das OECD-Programm zur Risikobewertung betrifft Chemikalienrisiken. Das Programm ist gegenwärtig damit befasst, IATA zu entwickeln und anzuwenden sowie Kommentare zu neuen Risikobewertungs-Methoden zu sammeln. Mehr unter URL: http://bit.ly/2iTaZcz.

NICEATM News vom 24.03.2017

Versuchstierzahlen in Deutschland bleiben stabil

2015 wurden in Deutschland 2.799.961 experimentelle Eingriffe an Versuchstieren durchgeführt. Im Vorjahr waren dies 3.361.863. Der scheinbare Rückgang beruht allein auf einer um 483.000 Tiere geringeren Angabe der Nutzung von Fischlarven im Jahre 2015. Wird diese Zahl von der Gesamtzahl 2014 abgezogen, sind die Versuchstierzahlen der beiden Jahre vergleichbar.

Am häufigsten wurden Eingriffe an Mäusen (2 Mio.; 72,6%), Ratten (326.000; 11,7%), Fischen (201.000; 7,2%) und Kaninchen (112.000; 4,0%) durchgeführt. Neben zahlreichen anderen Spezies wurden 4.491 Eingriffe an Hunden, 1.112 an Katzen und 3.141 an Affen durchgeführt. Hunde, Katzen, Affen und Krallenfrösche (*Xenopus*) wurden häufig mehrfach verwendet. Insgesamt wurden 2,75 Mio. Tiere für experimentelle Zwecke verwendet.

Es wurden 943 (64%) Affen mehr als im Vorjahr eingesetzt; die Gesamtzahl an Tieren stieg dadurch auf 2.413. Die meisten Affen (82% Makaken) wurden aus Asien oder Afrika importiert. Von den importierten Affen waren keine wild gefangen; aber 26 Prozent waren Nachkommen 1. Grades von Affen, die wild gefangen worden waren.

58,7 Prozent aller Eingriffe wurden im Bereich der Grundlagenforschung durchgeführt, 22,5 Prozent für regulatorisch vorgeschriebene Sicherheitsprüfungen und in der Routineproduktion, 13,6 Prozent in der translatorischen und angewandten Forschung. Andere Anwendungsbereiche schließen den Erhalt von Kolonien genetisch veränderter Tiere (1,9%), Hochschulbildung (2%), Erhalt der Spezies (1%) und Umweltschutz (0,2%) ein.

Von den Eingriffen, die in der regulatorischen Sicherheitsprüfung und in der Routineproduktion durchgeführt wurden, waren 37 Prozent für Qualitätskontrolle (z.B. Sicherheits- und Wirksamkeitsprüfung von Chargen und Pyrogenitätstest), 7,2 Prozent für weitere Wirksamkeits- und Toleranztests, 15 Prozent für die Routineproduktion (z.B. aus Blut gewonnene Produkte und monoklonale Antikörper) und 41 Prozent für Toxizitäts- und andere Sicherheitsprüfungen einschließlich Pharmakologie. Eingriffe im Rahmen von Toxizitäts- und Sicherheitsprüfungen machen somit 9 Prozent der Gesamteingriffe aus.

Innerhalb der Toxizitäts- und Sicherheitsprüfungen wurden am häufigsten Eingriffe in den Bereichen Pharmakodynamik (35%), Kinetik (15%) und Ökotoxizität (12%) vorgenommen. 70 Prozent der Eingriffe im Bereich der regulatorischen Prüfung und der Routineproduktion wurden aufgrund von rechtlichen Vorgaben für Arzneien für den Menschen und 9,7 Prozent für Medizinprodukte durchgeführt; 8 Prozent wurden aufgrund von Vorgaben für Industriechemikalien, 6 Prozent für veterinärmedizinische Arzneimittel und 5 Prozent für Pflanzenschutzmittel durchgeführt.

Der Belastungsgrad aller Eingriffe wurde bei 112.000 (4%) als schwer, bei 17 Prozent als mittel, bei 43 Prozent als gering und bei 35 Prozent als „keine Wiederherstellung der Lebensfunktion" eingestuft. Meist waren Eingriffe in der Grundlagenforschung als geringe Belastung oder „keine Wiederherstellung der Lebensfunktion" eingestuft (87%), 1 Prozent der Eingriffe als schwere Belastung. Bei translatorischer und angewandter Forschung waren 66 Prozent als geringe Belastung oder „keine Wiederherstellung der Lebensfunktion" eingestuft und 2,4 Prozent als schwere Belastung. Im Bereich der regulatorischen Prüfung jedoch waren 65 Prozent der Eingriffe als geringe Belastung oder „keine Wiederherstellung der Lebensfunktion" eingestuft, aber 13,1 Prozent (82.500) als schwere Belastung. Diese wurden größtenteils an Mäusen und meist für Wirksamkeitsprüfungen durchgeführt.

1,1 Mio. Eingriffe (40% aller Eingriffe) wurden an genetisch modifizierten Tieren durchgeführt, meist waren diese Mäuse; von diesen hatten 13 Prozent (5% der Gesamteingriffe) einen pathologischen Phänotyp.

Mehr Information unter URL: http://bit.ly/2iINVyd.

Sonja von Aulock

Kampagne #StopTheTrucks: Mehr als eine Million Europäer setzen Zeichen gegen Tiertransporte

Gemeinsam mit seiner europäischen Tierschutz-Dachorganisation, der Eurogroup for Animals, kämpft der Deutsche Tierschutzbund mit der Kampagne #StopTheTrucks für ein Ende der grausamen Langstreckentransporte. Jährlich werden über 360 Millionen Schweine, Rinder, Schafe und Ziegen und vier Milliarden Stück Geflügel in der EU allein zum Schlachten transportiert. Regelmäßig kommt es dabei zu erheblichen Verstößen gegen die ohnehin aus Tierschutzsicht nicht ausreichenden Vorgaben der EU. Mehr als eine

Million Europäer haben im Rahmen der Kampagne ihre Stimme für ein Ende dieses unnötigen Tierleids bei Lebendtiertransporten abgegeben und so ein deutliches Zeichen für mehr Tierschutz gesetzt.

„Die EU muss jetzt endlich handeln; viel zu lange wurde ein System toleriert, das nur auf Kosten der Tiere funktioniert. Die Tiere leiden unter der unerträglichen Enge in den Transportern, unter Hitze oder Kälte, quälendem Durst und Schmerzen aufgrund von Verletzungen", beschreibt Thomas Schröder, Präsident des Deutschen Tierschutzbundes, die vorherrschenden katastrophalen Zustände. „Ziel muss es sein, dass wir wieder regionale Strukturen haben, um kurze Wege zu sichern", so Schröder abschließend.

Erst kürzlich veröffentlichte Daten zeigten, dass die Zahl der Lebendtierexporte in den letzten Jahren erschreckend angestiegen ist. Der Rindertransport in einzelne Länder hat sich sogar verzehnfacht. Und auch die durchschnittlichen Transportzeiten sind extrem: über 27 Stunden für Schweinetransporte nach Serbien oder sogar über 68 Stunden für Rindertransporte in die Türkei bedeuten absolute Qual für die Tiere.

Seit Jahren kämpft der Deutsche Tierschutzbund gemeinsam mit seiner europäischen Dachorganisation, der Eurogroup for Animals, für das Aus für sinnlose und tierquälerische Transporte lebender Tiere. Die #StopTheTrucks-Unterschriften werden noch in diesem Jahr an die Europäische Kommission übergeben – ein deutliches Signal, dass Maßnahmen ergriffen werden müssen, um Langstreckentransporte endlich zu beenden.

Pressemeldung des Deutschen Tierschutzbundes
vom 19.06.2017

Studien zeigen unzureichende wissenschaftliche Stringenz in Schweizer Tierversuchen

Zwei Studien, die von Hanno Würbel und Kollegen an der Universität Bern veröffentlicht wurden, stellen die wissenschaftliche Stringenz von in der Schweiz durchgeführten Tierversuchen in Frage.

In der ersten Arbeit (URL: https://doi.org/10.1371/journal.pbio. 2000598) überprüften die Wissenschaftler 1.277 genehmigte Tierversuchsvorhaben sowie eine zufällige Auswahl von 50 wissenschaftlichen Veröffentlichungen, die aus diesen Vorhaben hervorgingen, auf die Beschreibung der Anwendung von sieben grundlegenden Maßnahmen (verdeckte Zuordnung, Verblindung, Randomisierung, Berechnung des Probenumfangs, Einschluss- und Ausschlusskriterien, primäre Ergebnisvariable und statistischer Analyseplan) zum Schutz vor systematischen Fehlern. Sie fanden, dass keines dieser Kriterien in mehr als 20 Prozent der Vorhaben und keines der Kriterien in mehr als 35 Prozent der Veröffentlichungen genannt wurde.

Um herauszufinden, ob die Kriterien nur in den Vorhaben und Veröffentlichungen nicht beschrieben wurden oder ob sie gar nicht angewendet wurden, wurden 2.000 Tierforscher in einer Online-Umfrage gefragt, ob sie die sieben Kriterien bei ihren Experimenten anwenden um systematischen Fehlern vorzubeugen (URL: https://doi.org/10.1371/journal.pone.0165999). Ein hoher Anteil der Befragten bestätigte die Anwendung der Kriterien und gab an, dies auch in den letzten Veröffentlichungen beschrieben zu haben. Eine Überprüfung dieser Aussagen ergab jedoch, dass keines der Kriterien in mehr als 20 Prozent der Veröffentlichungen beschrieben worden war.

Diese Studien zeigen, dass oft weder Ethikkomitees noch Wissenschaftler noch Gutachter noch Zeitschriften bereit sind, die Verantwortung zu übernehmen und sicherzustellen, dass Tierversuche nach den Kriterien des Best-Practice geplant und dokumentiert werden, so wie dies z.B. vom Experimental Design Assistant (URL: https://www.nc3rs.org.uk/experimental-design-assistant-eda) und den ARRIVE-Guidelines (URL: https://www.nc3rs.org.uk/arrive-guide lines), beide vom NC3Rs entwickelt, empfohlen wird.

Sonja von Aulock

IMPRESSUM

TIERethik
9. Jahrgang 2017/2
Heft 15, S. 159

TIERethik 9. Jahrgang (2017/1) Heft 15, vormals ALTEXethik

TIERethik ist das deutschsprachige Supplement von ALTEX, einem Journal für neue Wege in den biomedizinischen Wissenschaften.

Herausgeber: Verein ALTEX Edition
Weinmanngasse 86
8700 Küsnacht ZH, Schweiz

Chefredakteurin TIERethik:
Petra Mayr
Deisterstraße 25 B
31848 Bad Münder, Deutschland
Tel.: +49 5042 507956
E-Mail: mayr@tierethik.net

Lektorat TIERethik:
Sylvia Schütze, Düsseldorf

Wissenschaftlicher Beirat TIERethik:
Regina Binder (Wien, Österreich)
Gieri Bolliger (Zürich, Schweiz)
Andreas Brenner (Basel, Schweiz)
Arianna Ferrari (Karlsruhe, Deutschland)
Friedrich Harrer (Salzburg, Österreich)
Roman Kolar (Neubiberg, Deutschland)
Jörg Luy (Berlin, Deutschland)
Klaus Peter Rippe (Karlsruhe, Deutschland)
Silke Schicktanz (Göttingen, Deutschland)
Gary Steiner (Lewisburg, PA, USA)
Jean-Claude Wolf (Fribourg, Schweiz)
Ursula Wolf (Mannheim, Deutschland)
Hanno Würbel (Bern, Schweiz)

Verlag: Edition ALTEX
Weinmanngasse 86
8700 Küsnacht ZH, Schweiz
Tel.: +41 44 380 0830
Fax: +41 44 380 0832
E-Mail: subs@altex.ch

Auflage TIERethik:
400 + print on demand

Erscheinungsweise:
TIERethik erscheint zweimal jährlich (Frühjahr/Herbst).

Einzelpreis TIERethik: 19,50 €

Abonnementpreise:
TIERethik (zwei Ausgaben):
36,00 €/Jahr

Studierende (mit Nachweis), Mitglieder von Tierschutzorganisationen, Tierschutzbeauftragte: 24,00 €/Jahr

Kombi-Abo
(vier englische Ausgaben ALTEX und zwei Ausgaben TIERethik):
Privatabonnenten: 113,00 €
Institute, Bibliotheken, Firmen: 198,00 €
Studierende (mit Nachweis), Mitglieder von Tierschutzorganisationen, Tierschutzbeauftragte: 66,00 €

Die Preise enthalten die Versandkosten für alle europäischen Länder.
Zusätzliche Versandkosten außerhalb von Europa: 10,00 € für TIERethik, 30,00 € für Kombi-Abo

Stay informed on
international
successes in
the development of
alternatives to
the use of animals
in science

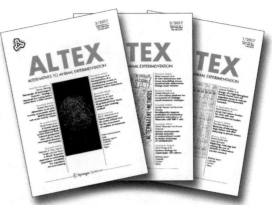

ALTEX

ALTERNATIVES TO ANIMAL EXPERIMENTATION

Organ of: ASCCT, CAAT, CAAT-Europe, Doerenkamp-Zbinden Chairs,
ecopa, EUSAAT, t4

http://www.altex-edition.org, http://altweb.jhsph.edu/altex

Subscriptions:
subs@altex.ch

Subscription rates:
Standard: 102 €

Institute: 204 €
(libraries, companies, institutes)

Reduced: 55 €
(students, animal protection
organizations, selected scientific
societies)

Prices include postage for all
countries.

Special prices in combination
with TIERethik subscription.

ISBN 978-3-7450-4857-5

9 783745 048575

00001

www.epubli.de